Wenn die weißen Riesenhasen abends übern Rasen rasen
Die schönsten Kindergedichte

Wenn die weißen Riesenhasen abends übern Rasen rasen

Die schönsten Kindergedichte

Herausgegeben von Ursula Zakis

sanssouci

Unser gesamtes lieferbares Programm und
viele andere Informationen finden Sie unter
www.sanssouci-verlag.de

1 2 3 4 5 11 10 09 08 07

ISBN 978-3-8363-0052-0

Vorsatzmotiv von Rotraut Susanne Berner
Satz: Satz für Satz. Barbara Reischmann, Leutkirch
Druck und Bindung: Ebner & Spiegel, Ulm
Printed in Germany

Inhalt

Robert Gernhardt

Wenn die weißen Riesenhasen …

Wenn die weißen Riesenhasen
abends übern Rasen rasen
und die goldnen Flügelkröten
still in ihren Beeten beten,
wenn die schwarzen Buddelraben
tief in ihrem Graben graben
und die feisten Felsenquallen
kichernd in die Fallen fallen –:
dann schreibt man, wie jedes Jahr,
den hundertzwölften Januar.

Was? Ihr kennt ihn nicht, den Tag?
Schaut mal im Kalender nach!

Frühling, Sommer, Herbst und Winter

Wilhelm Hey

Rabe

Was ist das für ein Bettelmann?
Er hat ein kohlschwarz Röcklein an
Und läuft in dieser Winterzeit
Vor alle Türen weit und breit,
Ruft mit betrübtem Ton: »Rab! Rab!
Gebt mir doch auch einen Knochen ab.«

Da kam der liebe Frühling an,
Gar wohl gefiel's dem Bettelmann;
Er breitete seine Flügel aus
Und flog dahin weit übers Haus;
Hoch aus der Luft so frisch und munter:
»Hab Dank! hab Dank!« rief er herunter.

Hermann Hesse

Julikinder

Wir Kinder im Juli geboren
Lieben den Duft des weißen Jasmin,
Wir wandern an blühenden Gärten hin
Still und in schwere Träume verloren.

Unser Bruder ist der scharlachene Mohn,
Der brennt in flackernden roten Schauern
Im Ährenfeld und auf den heißen Mauern,
Dann treibt seine Blätter der Wind davon.

Wie eine Julinacht will unser Leben
Traumbeladen seinen Reigen vollenden,
Träumen und heißen Erntefesten ergeben,
Kränze von Ähren und rotem Mohn in den Händen.

Guido Görres

Nun treiben wir den Winter aus ...

Nun treiben wir den Winter aus,
Den alten, kalten Krächzer;
Wir jagen ihn zum Land hinaus,
Den Brummbär und den Ächzer,
Und laden uns den Frühling ein
Mit Blumen und mit Sonnenschein,
Juhei! juhei, juhei!
O komm herbei!
O Mai, o Mai!

Das leere Stroh,
Das dürre Reis
Und alles, was vermodert,
Das geben wir dem Feuer preis,
Daß hoch die Flamme lodert,
Und laden uns den Frühling ein
Mit Blumen und mit Sonnenschein;
Juhei! juhei, juhei!
O komm herbei!
O Mai, o Mai!

Robert Reinick

Vom schlafenden Apfel

Im Baum, im grünen Bettchen,
Hoch oben sich ein Apfel wiegt,
Der hat so rote Bäckchen,
Man sieht's, daß er im Schlafe liegt.

Ein Kind steht unterm Baume,
Das schaut und schaut und ruft hinauf:
Ach, Apfel, komm herunter!
Hör endlich doch mit Schlafen auf!

Es hat ihn so gebeten,
Glaubt ihr, der wäre aufgewacht?
Er rührt sich nicht im Bette,
Sieht aus, als ob im Schlaf er lacht.

Da kommt die liebe Sonne
Am Himmel hoch daherspaziert.
Ach, Sonne, liebe Sonne,
Mach du, daß sich der Apfel rührt!

Die Sonne spricht: Warum nicht?
Und wirft ihm Strahlen ins Gesicht,
Küßt ihn dazu so freundlich,
Der Apfel aber rührt sich nicht.

Nun schau, da kommt ein Vogel
Und setzt sich auf den Baum hinauf.
Ei, Vogel, du mußt singen;
Gewiß, gewiß, das weckt ihn auf!

Der Vogel wetzt den Schnabel
Und singt ein Lied so wundernett
Und singt aus voller Kehle,
Der Apfel rührt sich nicht im Bett.

Und wer kam nun gegangen?
Es war der Wind, den kenn ich schon;
Der küßt nicht und der singt nicht,
Der pfeift aus einem andern Ton.

Er stemmt in beide Seiten
Die Arme, bläst die Backen auf
Und bläst und bläst, und richtig,
Der Apfel wacht erschrocken auf

Und springt vom Baum herunter
Grad in die Schürze von dem Kind;
Das hebt ihn auf und freut sich
Und ruft: Ich danke schön, Herr Wind!

Matthias Claudius

Ein Lied, hinterm Ofen zu singen

Der Winter ist ein rechter Mann,
Kernfest und auf die Dauer;
Sein Fleisch fühlt sich wie Eisen an
Und scheut nicht süß noch sauer.

War je ein Mann gesund, ist ers;
Er krankt und kränkelt nimmer,
Weiß nichts von Nachtschweiß noch Vapeurs
Und schläft im kalten Zimmer.

Er zieht sein Hemd im Freien an
Und läßts vorher nicht wärmen
Und spottet über Fluß im Zahn
Und Kolik in Gedärmen.

Aus Blumen und aus Vogelsang
Weiß er sich nichts zu machen,
Haßt warmen Drang und warmen Klang
Und alle warmen Sachen.

Doch wenn die Füchse bellen sehr,
Wenns Holz im Ofen knittert,
Und an den Ofen Knecht und Herr
Die Hände reibt und zittert.

Wenn Stein und Bein vor Frost zerbricht
Und Teich und Seen krachen,
Das klingt ihm gut, das haßt er nicht,
Dann will er tot sich lachen.

Sein Schloß von Eis liegt ganz hinaus
Beim Nordpol an dem Strande,
Doch hat er auch ein Sommerhaus
Im lieben Schweizerlande.

Da ist er denn bald dort, bald hier,
Gut Regiment zu führen;
Und wenn er durchzieht, stehen wir
Und sehn ihn an und frieren.

Fredrik Vahle

Geschichte vom Blatt am Baum

Niemand ist so grün wie ich,
sagte das Blatt am Baum,
grün, grün, grün,
Frühling und Sommer hindurch.

Niemand ist so bunt wie ich,
sagte das Blatt am Baum,
bunt, bunt, bunt,
denn der Herbst ist gekommen.

Niemand ist so bewegt wie ich,
sagte das Blatt am Baum,
bewegt, bewegt, bewegt,
von der Brise mit den kühlen Fingern.

Niemand ist so froh wie ich,
sagte das Blatt am Baum,
froh, froh, froh.
Erhob sich ein Flüstern von vielen Blättern:
Bald kommt der Wind. Bald werden wir tanzen.

Kam der Wind von weit her und nahm
all die Bäume in seine Arme,
wiegte sie wie die Wellen im Meer.
Fielen im Traum manche Blätter zur Erde.
Aber das Blatt blieb am Baum.

Kam der Sturm über Nacht,
rüttelte die Kronen der Bäume,
fauchte, tobte, brüllte,
fast bis zum Morgen.
Aber das Blatt blieb am Baum.

Kam der Nebel und hüllte es ein.
Konnte es niemand mehr sehn.
Fühlte es sich so geheimnisvoll,
fühlte es sich, als müßte es fort
aus den kühlen Händen des Nebels.
Aber das Blatt blieb am Baum.

Kam die Sonne am Morgen.
Verflogen der Nebel.
War es rundum sehr hell und sehr still.
Löste sich das Blatt wie von selbst,
schwebte sehr sacht hernieder zur Erde,
federleicht fliegend im hellen Licht –
wurde mit vielen Blättern zu Laub
auf der hart gefrorenen Erde.

Christa Reinig

Die Spur

Weiß stiebt der Wind von Zweig und Zapfen
und ebnet leis die fremden Stapfen

Du prüfst die Schrift, eh sie verweht
was für ein Wesen vor dir geht

Der Atem raucht –, Schnee packt die Sohlen
du kämpfst, den andern einzuholen

Die Nacht löscht dämmernd den Azur
die Spur ist deine eigne Spur

Lutz Rathenow

Winterspiel

Schneemänner rasen
nachts in den Straßen.
Schneller als Wind
sieht sie kein Kind.
Mit Bonbonstücken,
Salzstangenkrücken
schlagen sie Scheiben ein,
setzen sie wieder ein.
In den Geschäften
mit allen Kräften
schmelzen sie weg.
Nasser Fleck.
Es wundern die Leute
sich gestern und heute.

Heinrich Heine

Die heilgen drei Könige aus Morgenland …

Die heilgen drei Könige aus Morgenland,
Sie frugen in jedem Städtchen:
Wo geht der Weg nach Bethlehem,
Ihr lieben Buben und Mädchen?

Die Jungen und Alten, sie wußten es nicht,
Die Könige zogen weiter;
Sie folgten einem goldenen Stern,
Der leuchtete lieblich und heiter.

Der Stern blieb stehn über Josephs Haus,
Da sind sie hineingegangen;
Das Öchslein brüllte, das Kindlein schrie,
Die heilgen drei Könige sangen.

Gustav Falke

Ausfahrt

Schlitten vorm Haus,
Steig ein, kleine Maus,
Zwei Kätzchen davor,
So geht's durchs Tor,
Zwei Kätzchen dahinter,
So geht's durch den Winter.

Hinein ins Feld,
Wie weiß ist die Welt,
Auf einmal, o weh,
Kleine Maus liegt im Schnee,
Kleine Maus liegt im Graben,
Wer will sie haben?

Schlitten vorm Haus,
Wo blieb kleine Maus?
Die Kätzchen, miau,
Die wissen's genau:
Hat nicht still gesessen,
Da haben wir sie gefressen.

Peter Hacks

Der Herbst steht auf der Leiter

Der Herbst steht auf der Leiter
Und malt die Blätter an,
Ein lustiger Waldarbeiter,
Ein froher Malersmann.

Er kleckst und pinselt fleißig
Auf jedes Blattgewächs,
Und kommt ein frecher Zeisig,
Schwupp, kriegt der auch nen Klecks.

Die Tanne spricht zum Herbste:
Das ist ja fürchterlich,
Die andern Bäume färbste,
Was färbste nicht mal mich?

Die Blätter flattern munter
Und finden sich so schön.
Sie werden immer bunter.
Am Ende falln sie runter.

Anna Klie

Tauwetter

Die Sonne scheint! Der Himmel blaut!
Juchheißassa! Es taut! Es taut!
Schon rutscht der Schnee vom Giebeldach,
und immer plumpst noch welcher nach!
Der Schneemann duckt sich klein und krumm,
ich glaube, nächstens fällt er um.
Der Tauwind weht, die Sonne scheint!
Die alte Regentonne greint,
der Efeu an der Mauer,
der weint ein ganzes Schauer!
Da plustert sich ein nasser Spatz,
der sieht schon grünen Rasenplatz
und singt: Der Frühling kommt! Famos,
bald geht das Kirschenessen los!
Es tröpfelt auf den Rasen,
den Bäumen von den Nasen;
das Wasser rinnt vom Dach herab
und plätschert lustig: Tipp, tipp, tapp!
Ich hab ein Loch im Gummischuh,
nun singt der auch noch was dazu
und mischt mit Quitsch und Quatsch und Quick
sich seufzend in die Taumusik.

Reiner Kunze

Blumenlied

Löwenzahn, sag an, an, an,
ob dein Zahn auch beißen kann.

Fingerhut, ach je, je, je,
reichst der Biene bis zur Zeh.

Glockenblume, kling, kling, kling,
Glöckner ist der Schmetterling.

Mohn im Korn, so rot, rot, rot,
kostbar ist das liebe Brot.

Butterblume, muh, muh, muh,
morgen kommt die schwarze Kuh.

Johann Heinrich Voß

Die Kartoffelernte

Kindlein, sammelt mit Gesang
Der Kartoffeln Überschwang!
Ob wir voll bis oben schütten
Alle Mulden, Körb und Bütten;
Noch ist immer kein Vergang.

Wo man nur den Bulten hebt,
Schaut, wie voll es lebt und webt!
Ob die schöngekerbten Knollen,
Weiß und rot und dick geschwollen!
Immer mehr, je mehr man gräbt.

Nicht umsonst in bunter Schau
Blüht' es rötlich, weiß und blau,
Ward gejätet, ward gehäufet:
Kindlein, Gottes Segen reifet!
Rief ich oft und trafs genau.

Einst vom Himmel schaute Gott
Auf der Armen bittre Not.
Nahe gings ihm; und was tat er
Uns zum Trost, der gute Vater?
Regnet' er uns Mannabrot?

Nein, ein Mann ward ausgesandt,
Der die neue Welt erfand.
Reiche nennens Land des Goldes;
Doch der Arme nennts sein holdes,
Nährendes Kartoffelland.

Nur ein Knöllchen eingesteckt
Und mit Erde zugedeckt.
Unten treibt dann Gott sein Wesen.
Kaum sind Hände gnug zum Lesen,
Wie es unten wühlt und heckt.

Was ist nun für Sorge noch?
Klar im irdnen Napf und hoch
Dampft Kartoffelschmaus für alle.
Unsre Milchkuh auch im Stalle
Nimmt ihr Teil und brummt am Trog.

Theodor Storm

Knecht Ruprecht

Von drauß', vom Walde komm ich her;
Ich muß euch sagen, es weihnachtet sehr!
Allüberall auf den Tannenspitzen
Sah ich goldene Lichtlein sitzen;
Und droben aus dem Himmelstor
Sah mit großen Augen das Christkind hervor.
Und wie ich so strolcht' durch den finstern Tann,
Da rief's mich mit heller Stimme an:
»Knecht Ruprecht«, rief es, »alter Gesell,
Hebe die Beine und spute dich schnell!
Die Kerzen fangen zu brennen an,
Das Himmelstor ist aufgetan,
Alt' und Junge sollen nun
Von der Jagd des Lebens einmal ruhn;
Und morgen flieg ich hinab zur Erden,
Denn es soll wieder Weihnachten werden!«

Ich sprach: »O lieber Herre Christ,
Meine Reise fast zu Ende ist;
Ich soll nur noch in diese Stadt,
Wo's eitel gute Kinder hat.«
– »Hast denn das Säcklein auch bei dir?«
Ich sprach: »Das Säcklein, das ist hier;
Denn Äpfel, Nuß und Mandelkern
Fressen fromme Kinder gern.«
– »Hast denn die Rute auch bei dir?«
Ich sprach: »Die Rute, die ist hier;
Doch für die Kinder nur, die schlechten,
Die trifft sie auf den Teil, den rechten!«
Christkindlein sprach: »So ist es recht;
So geh mit Gott, mein treuer Knecht!«
Von drauß', vom Walde komm ich her;
Ich muß euch sagen, es weihnachtet sehr!
Nun sprecht, wie ich's hierinnen find!
Sind's gute Kind', sind's böse Kind'?

Victor Blüthgen

September

Gemäht sind die Felder, der Stoppelwind weht,
hoch droben in Lüften mein Drachen schon steht,
die Rippen von Holze, der Leib von Papier,
zwei Ohren, ein Schwänzlein sind all seine Zier.
Und ich denk: So drauf liegen im sonnigen Strahl –
Ach, wer das doch könnte, nur ein einziges Mal!

Da guck ich dem Storch in das Sommernest dort:
Guten Morgen, Frau Storchen, geht die Reise bald fort?
Ich blick in die Häuser zum Schornstein hinein:
Papachen, Mamachen, wie seid ihr so klein!
Tief unter mir seh ich Fluß, Hügel und Tal –
Ach, wer das doch könnte, nur ein einziges Mal!

Und droben, gehoben auf schwindelnder Bahn,
da faß ich die Wolken, die segelnden, an;
ich laß mich besuchen von Schwalben und Kräh'n
und kann selbst die Lerchen, die singenden, sehn,
die Englein belausch' ich im himmlischen Saal –
Ach, wer das doch könnte, nur ein einziges Mal!

Friedrich Wilhelm Güll

Will sehen, was ich weiß, vom Büblein auf dem Eis

Gefroren hat es heuer
Noch gar kein festes Eis.
Das Büblein steht am Weiher
Und spricht so zu sich leis:
»Ich will es einmal wagen,
Das Eis, es muß doch tragen.«
Wer weiß?

Das Büblein stampft und hacket
Mit seinem Stiefelein.
Das Eis auf einmal knacket
Und krach! schon bricht's hinein.
Das Büblein platscht und krabbelt
Als wie ein Krebs und zappelt
mit Schrei'n.

»O helft, ich muß versinken
In lauter Eis und Schnee!
O helft, ich muß ertrinken
Im tiefen, tiefen See!«
Wär nicht ein Mann gekommen,
Der sich ein Herz genommen –
o weh!

Der packt es bei dem Schopfe
Und zieht es dann heraus
Vom Fuße bis zum Kopfe
Wie eine Wassermaus.
Das Büblein hat getropfet,
Der Vater hat's geklopfet
zu Haus.

Franz von Pocci

Winters Einzug

Nun zieht mit seiner ganzen Macht
Herr Winter wieder ein.
Vergangen ist der Fluren Pracht,
Erbleicht der Sonne Schein.

Weh uns! Schon naht der kalte Mann
Mit seinem weißen Bart!
Wer Arm' und Beine rühren kann,
Kommt, hemmet seine Fahrt! –

Schließt Tür' und Tor und Fenster zu,
Und laßt ihn nicht herein,
Daß er uns nichts zu Leide tu'!
Es friert ja Groß und Klein.

Gewaffnet ist der Kinder Schar,
Die ihm entgegentritt.
Was hilft's? Er kommt wie alle Jahr,
Bringt Schnee und Eis uns mit.

Bringt eine lange, lange Nacht
Und einen kurzen Tag.
Des Schneegestöbers Flockenjagd
Und noch so manche Plag'.

Doch kennt er viele Freuden auch,
Bringt neuer Märchen Traum,
Und hat – es ist sein alter Brauch,
Bei sich den Weihnachtsbaum.

Eisblumen malt ans Fenster er
In weißem Blütenkranz,
Die freuten uns noch immer sehr
Mit ihrem Zauberglanz.

Schneemänner gar und Blindemaus
Und Schattenspiel bei Licht:
Das bringt der Winter auch in's Haus;
Drum schmäht den Alten nicht!

Herein, herein denn, Wintermann!
Komm setz dich zum Kamin!
Wärm deine kalten Hände dran
Und auf ein Märchen sinn! –

Erzähl es dann – wir hören zu,
Wir haben sorgsam acht,
Und ist es aus, gehn wir zur Ruh'
Und wünschen gute Nacht.

Meh Lämmchen meh! …

Meh Lämmchen meh!
Das Lämmchen lief in Schnee.
Es stieß sich an ein Steinchen,
Da tat ihm weh sein Beinchen,
Da sagt das Lämmchen meh!

Meh Lämmchen meh!
Das Lämmchen lief in Schnee.
Es stieß sich an ein Stöckchen,
Da tat ihm weh sein Köpfchen,
Da sagt das Lämmchen meh!

Meh Lämmchen meh!
Das Lämmchen lief in Schnee.
Es stieß sich an ein Sträuchelchen,
Da tat ihm weh sein Bäuchelchen,
Da sagt das Lämmchen meh!

Meh Lämmchen meh!
Das Lämmchen lief in Schnee.
Es stieß sich an ein Hölzchen,
Da tat ihm weh sein Hälschen,
Da sagt das Lämmchen meh!

Unbekannter Verfasser

Traumhafter Schabernack

Carl Reinhardt

Das Ende der Sündflut

Als die Arche nun geschwommen
Sieben Monat ungestört,
Hat die Sündflut abgenommen,
Da der Regen aufgehört.
Auch die Sonne lachte wieder,
Weil sie sich getrocknet hat,
Und die Arche ließ sich nieder
Auf dem Berge Ararat.
Noah macht die Klappe offen,
Läßt den Raben schnell hinaus,
Um zu sehn, ob man kann hoffen,
Daß das Wasser trockne aus.

Doch der Rab', ein Vagabunde,
Kehrt nach Hause nimmermehr,
Bringt dem Noah keine Kunde,
Fliegt herum die Kreuz und Quer,
Bis er sieht den Jäger liegen,
Der geschossen oft auf ihn,
Da macht er sich das Vergnügen,
Bei der Nase ihn zu zieh'n.
Als die Botschaft von dem Raben
Noah nicht mehr glaubt zu kriegen,
Und doch gern will Nachricht haben,
Läßt er eine Taube fliegen.
Und das Täubchen sanft und friedlich
Bringt ein Ölblatt mit von unten,
Trug's im Schnabel fein und niedlich;
Und so wurden ganz gemütlich
Post und Briefträger erfunden.

Joseph Victor von Scheffel

Das Megatherium

Was hangt denn dort bewegungslos
Zum Knaul zusammgeballt
So riesenfaul und riesengroß
Im Urururwald?
Dreifach so wuchtig als ein Stier,
Dreifach so schwer und dumm –
Ein Klettertier, ein Krallentier:
Das Megatherium!

Träg glotzt es in die Welt hinein
Und gähnt, als wie im Traum,
Und krallt die scharfen Krallen ein
Am Embahubabaum.
Die Früchte und das saftige Blatt
Verzehrt es und sagt: *»Ai!«*
Und wenn's ihn leergefressen hat,
Sagt's auch zuweilen: *»Wai!«*

Dann aber steigt es nicht herab,
Es kennt den kürzern Weg;
Gleich einem Kürbis fällt es ab
Und rührt sich nicht vom Fleck.
Mit rundem Eulenangesicht
Nickt's sanft und lächelt brav:
Denn nach gelungener Fütterung kommt
Als Hauptarbeit der Schlaf.

... O Mensch, dem solch ein Riesentier
Nicht glaublich scheinen will,
Geh nach Madrid! dort zeigt man dir
Sein ganz Skelett fossil.
Doch bist du staunend ihm genaht,
Verliere nicht den Mut:

So ungeheure Faulheit tat
Nur *vor* der Sündflut gut.

Du bist kein Megatherium,
Dein Geist kennt höhere Pflicht,
Drum schwänze kein Kollegium
Und überfriß dich nicht.
Nütz' deine Zeit, sie gilt statt Gelds,
Sei fleißig bis zum Grab,
Und steckst du doch im faulen Pelz,
So fall mit Vorsicht ab!

Wilhelm Busch

Der Wetterhahn

Wie hat sich sonst so schön der Hahn
Auf unsrem Turm gedreht
Und damit jedem kundgetan,
Woher der Wind geweht.

Doch seit dem letzten Sturme hat
Er keinen rechten Lauf;
Er hängt so schief, er ist so matt,
Und keiner schaut mehr drauf.

Jetzt leckt man an dem Finger halt
Und hält ihn hoch geschwind.
Die Seite, wo der Finger kalt,
Von daher weht der Wind.

Gustav Falke

Eine Kuh, die saß im Schwalbennest

Eine Kuh, die saß im Schwalbennest
Mit sieben jungen Ziegen,
Sie feierten ihr Jubelfest
Und fingen an zu fliegen.
Der Esel zog Pantoffeln an,
Ist übers Haus geflogen.
Und wenn das nicht die Wahrheit ist,
So ist es doch gelogen.

Victor Blüthgen

Kohlblättchen

Ich will dir mal was lesen,
Von dem alten Besen,
Von dem alten Putzestecken,
Fegt die Spinnen aus den Ecken,
Fallen alle runter,
Sind drei Schneider drunter,
Geh ich hin und fang mir einen
Bei den langen Schneiderbeinen:
Zippel zappel Spinnenschneider,
Näh einmal zwei neue Kleider –
Mir eins, Ami eins,
Nur der faulen Grete keins.

Frida Schanz

Niemand

Kennt ihr wohl den Unfuggeist,
Der mit Namen Niemand heißt?
Wohnt beinah in jedem Haus!
Fragt nur mal landein, landaus.
Wer hat Vaters Tisch bekleckst?
Mutters Fingerhut verhext?
Mutters Nadeln, Mutters Scheren?
Wer nahm von den Stachelbeeren?
Wer zerschnitt den neuen Ball?
Überall und überall
Ists und wars derselbe Fant:
Niemand, Niemand, Niemand!
Niemand hat das Garn verfitzt,
Niemand hat die Wurst stibitzt,
Niemand krachte mit der Tür,
Niemand kann etwas dafür,
Daß der Garten offensteht;
Niemand trat ins Tulpenbeet;
Niemand aß vom Apfelbrei,
Niemand riß das Buch entzwei,
Niemand warf das Glas vom Tisch!
Wenn ich ihn einmal erwisch!
Such und hasch ihn alle Tage.
Wenn ich Kinder nach ihm frage,
Kommen sie in große Not,
Werden feuer – feuerrot,
Doch es nennt ihn mir im Land
Niemand, Niemand, Niemand.

Christian Morgenstern

Der Schnupfen

Ein Schnupfen hockt auf der Terrasse,
auf daß er sich ein Opfer fasse

– und stürzt alsbald mit großem Grimm
auf einen Menschen namens Schrimm.

Paul Schrimm erwidert prompt: »Pitschü!«
und *hat* ihn drauf bis Montag früh.

Christian Morgenstern

Der Lattenzaun

Es war einmal ein Lattenzaun,
mit Zwischenraum, hindurchzuschaun.

Ein Architekt, der dieses sah,
stand eines Abends plötzlich da –

und nahm den Zwischenraum heraus
und baute draus ein großes Haus.

Der Zaun indessen stand ganz dumm,
mit Latten ohne was herum.

Ein Anblick, gräßlich und gemein.
Drum zog ihn der Senat auch ein.

Der Architekt jedoch entfloh
nach Afri- od- Ameriko.

Joachim Ringelnatz

Kindergebetchen

Erstes

Lieber Gott, ich liege
Im Bett. Ich weiß, ich wiege
Seit gestern fünfunddreißig Pfund.
Halte Pa und Ma gesund.
Ich bin ein armes Zwiebelchen,
Nimm mir das nicht übelchen.

Zweites

Lieber Gott, recht gute Nacht.
Ich hab noch schnell Pipi gemacht,
Damit ich von dir träume.
Ich stelle mir den Himmel vor
Wie hinterm Brandenburger Tor
Die Lindenbäume.
Nimm meine Worte freundlich hin,
Weil ich schon sehr erwachsen bin.

Drittes

Lieber Gott mit Christussohn,
Ach schenk mir doch ein Grammophon.
Ich bin ein ungezognes Kind,
Weil meine Eltern Säufer sind.
Verzeih mir, daß ich gähne.
Beschütze mich in aller Not,
Mach meine Eltern noch nicht tot
Und schenk der Oma Zähne.

Werner Bergengruen

Der Kobold

Das Haus hab ich erbaut
Vom Keller bis zum Dach.
Wer hat den Kobold eingesetzt,
Der unter der Treppe wohnt?

Er trinkt von meinem Wein,
Er nagt am Schinkenbein.
Er steckt sich Zucker in den Sack,
Er schmaust von meinem Rauchtabak,
Macht allen Vorrat klein.

Wo nur die Tinte bleibt?
Des Nachts, wenn keiner wach,
Da geht er an mein Markenfach.
Weiß niemand, wem er schreibt.

Was tut er zum Vergelt?
Er geigt um Mitternacht.
Er gibt auf meine Kinder acht,
Daß keins die Treppe fällt.

Was tut er noch zum Dank?
Er putzt das Mondhorn blank.
Damit es silberrein
In meine Fenster schein.

Victor Blüthgen

Der Traum

Es war ein niedlich Zeiselein,
Das träumte nachts im Mondenschein:
Es säh am Himmel Stern bei Stern,
Davon wär jeder ein Hirsekern,
Und als es geflogen himmelauf,
Da pickte das Zeislein die Sterne auf.
Piep –
Wie war das im Traum so lieb!

Und als die Sonne beschien den Baum,
Erwachte das Zeislein aus seinem Traum.
Es wetzte das Schnäbelchen her und hin
Und sprach verwundert in seinem Sinn:
Nun hab ich gepickt die ganze Nacht
Und bin doch so hungrig aufgewacht!
Ping –
Das ist mir ein närrisches Ding!

Hanna Muschg

Ein Krokodil

Ich träum, es kommt ein Krokodil
mit einem großen Maul.
Am Tage liegt's auf einem Stein,
am Tage ist es faul.

Und dann am Abend wird es wach
und macht sich auf die Socken.
Es kriecht zu unserm Haus aufs Dach,
Da seh ich es schon hocken.

Und wenn es erst ganz dunkel ist,
dann schleicht es sich heran.
Es will zu mir herein und frißt
mich dann.

Es hinkt durchs Haus, das hör ich doch,
es steigt die Treppe rauf.
Dann kommt's herein durchs Schlüsselloch
und reißt sein Maul schon auf.

Es hat 'ne Menge Zähne in
dem großen roten Rachen.
Und weil es auch noch Flügel hat,
glaub ich, es ist ein Drachen.

Was willst du hier, schrei ich ganz laut,
ich glaub, du willst mich fressen.
Nein, sagt das Krokodil und schaut,
ich hab nur was vergessen.

Hans Georg Lenzen

CONRADs Reise

CONRAD kommt an einen Fluß,
den er überqueren muß.
CONRAD nimmt das C als Steg
und geht weiter seinen Weg.

ONRAD – denn so heißt er jetzt –
hat die Reise fortgesetzt.
Kommt der Wolf, das Ungetüm,
wirft er gleich das N nach ihm.

An den Felsen geht's nicht weiter.
ORAD nimmt das A als Leiter.
CONRAD heißt jetzt nur noch ORD,
doch er wandert weiter fort.

Schließlich kommt er an den See.
ORD steigt in das große D,
rudert mit dem R zurück,
bis nach Haus, das ganze Stück.

Vor der Tür steht CONRAD so
nur noch mit dem großen O.
Ruft der Vater aus dem Haus:
CONRAD! O, wie siehst du aus!

August Kopisch

Die Heinzelmännchen

Wie war zu Kölln es doch vordem
Mit Heinzelmännchen so bequem!
Denn, war man faul, ... man legte sich
Hin auf die Bank und pflegte sich:
Da kamen bei Nacht,
Eh man's gedacht,
Die Männlein und schwärmten
Und klappten und lärmten
Und rupften
Und zupften
Und hüpften und trabten
Und putzten und schabten.
Und eh ein Faulpelz noch erwacht,
War all sein Tagewerk bereits gemacht!

Die Zimmerleute streckten sich
Hin auf die Spän und reckten sich.
Indessen kam die Geisterschar
Und sah, was da zu zimmern war:
Nahm Meißel und Beil
Und die Säg in Eil;
Sie sägten und stachen
und hieben und brachen,
Berappten
Und kappten,
Visierten wie Falken
Und setzten die Balken.
Eh sich's der Zimmermann versah,
Klapp! stand das ganze Haus schon fertig da!

Beim Bäckermeister war nicht Not,
Die Heinzelmännchen backten Brot.
Die faulen Burschen legten sich,

Die Heinzelmännchen regten sich –
Und ächzten daher
Mit den Säcken schwer!
Und kneteten tüchtig
Und wogen es richtig
Und hoben
Und schoben
Und fegten und backten
Und klopften und hackten.
Die Burschen schnarchten noch im Chor,
Da rückte schon das Brot, das neue, vor!

Beim Fleischer ging es just so zu:
Gesell und Bursche lag in Ruh.
Indessen kamen die Männlein her
Und hackten das Schwein die Kreuz und Quer.
Das ging so geschwind,
Wie die Mühl im Wind!
Die klappten mit Beilen,
Die schnitzten an Speilen,
Die spülten,
Die wühlten
Und mengten und mischten
Und stopften und wischten.
Tat der Gesell die Augen auf,
Wapp! hing die Wurst da schon im Ausverkauf!

Beim Schenken war es so: Es trank
Der Küfer, bis er niedersank.
Am hohlen Fasse schlief er ein;
Die Männlein sorgten um den Wein
Und schwefelten fein
Alle Fässer ein
Und rollten und hoben
Mit Winden und Kloben
Und schwenkten
Und senkten

Und gossen und panschten
Und mengten und manschten.
Und eh der Küfer noch erwacht,
War schon der Wein geschönt und fein gemacht!

Einst hatt' ein Schneider große Pein:
Der Staatsrock sollte fertig sein!
Warf hin das Zeug und legte sich
Hin auf das Ohr und pflegte sich.
Da schlüpften sie frisch
In den Schneidertisch
Und schnitten und rückten
Und nähten und stickten
Und faßten
Und paßten
Und strichen und guckten
Und zupften und ruckten.
Und eh mein Schneiderlein erwacht,
War Bürgermeisters Rock bereits gemacht!

Neugierig war des Schneiders Weib
Und macht sich diesen Zeitvertreib:
Streut Erbsen hin die andere Nacht.
Die Heinzelmännchen kommen sacht;
Eins fährt nun aus,
Schlägt hin im Haus,
Die gleiten von Stufen
Und plumpen in Kufen,
Die fallen
Mit Schallen,
Die lärmen und schreien
Und vermaledeien!
Sie springt hinunter auf den Schall
Mit Licht: husch husch husch husch! –
verschwinden all'!

O weh! nun sind sie alle fort,
Und keines ist mehr hier am Ort!
Man kann nicht mehr wie sonsten ruhn,
Man muß nun alles selber tun.
Ein jeder muß fein
Selbst fleißig sein
Und kratzen und schaben
Und rennen und traben
Und schniegeln
Und biegeln
Und klopfen und hacken
Und kochen und backen.
Ach, daß es noch wie damals wär,
Doch kommt die schöne Zeit nicht wieder her!

Peter Härtling

Fundevogel

Fundevogel, lieber Reim:
Siebenschlaf und Honigseim –
plötzlich wacht der Segen auf,
Zögern ist sein Lebenslauf.

Dort wo andre länger wachen,
wacht er mit und schlitzt das Lachen.
Dort wo andre länger träumen,
hilft er, Reisen zu versäumen.

Find den Vogel, lieber Reim:
letzter Schlaf und Fliegenleim –
keiner spielt mehr, keiner lacht,
jeder hat sein Nichts gedacht.

Auf dem Reim nachhausgeritten –
Fundevogel, kleines Glück.

Niemand wird den Vogel bitten:
Laß dich finden, komm zurück!

Hans Manz

Blödsinn

Der Schabernack
schabt sich den Nacken.

Das Zickzack
zickt den scharfen Zacken.

Der Pumper
und der Nickel nicken.

Den Schnickschnack
hört man schnack- und schnicken.

Und alle schrein:
»Trari trara,
wir lieben das Allotria.«

Ernst Moritz Arndt

Das Lügenmärchen

Ich will euch erzählen und will auch nicht lügen:
Ich sah zwei gebratene Ochsen fliegen,
Sie flogen gar ferne –
Sie hatten den Rücken gen Himmel gekehrt,
Die Füße wohl gegen die Sterne.

Ein Amboß und ein Mühlenstein,
Die schwammen bei Köln wohl über den Rhein,
Sie schwammen gar leise –
Ein Frosch verschlang sie alle beid'
Zu Pfingsten wohl auf dem Eise.

Es wollten vier einen Hasen fangen,
Sie kamen auf Stelzen und Krücken gegangen,
Der erste konnte nicht sehen,
Der zweite war stumm, der dritte war taub,
Der vierte konnte nicht gehen.

Nun denke sich einer, wie dieses geschah:
Als nun der Blinde den Hasen sah
Auf grüner Wiese grasen,
Da rief's der Stumme dem Tauben zu,
Und der Lahme erhaschte den Hasen.

Es fuhr ein Schiff auf trockenem Land,
Es hatte die Segel gen Wind gespannt
Und segelt' im vollen Laufen –
Da stieß es an einen hohen Berg,
Da tät das Schiff ersaufen.

In Straßburg stand ein hoher Turm,
Der trotzete Regen, Wind und Sturm
Und stand fest über die Maßen,

Den hat der Kuhhirt mit seinem Horn
Eines Morgens umgeblasen.

Ein altes Weib auf dem Rücken lag,
Sein Maul wohl hundert Klaftern weit auftat,
's ist wahr und nicht erlogen,
Drin hat der Storch fünfhundert Jahr
Seine Jungen groß gezogen.

So will ich hiemit mein Liedlein beschließen,
Und sollt's auch die werte Gesellschaft verdrießen,
Will trinken und nicht mehr lügen:
Bei mir zu Land sind die Mücken so groß,
Als hier die größesten Ziegen.

Abraham Emanuel Fröhlich

Ellengröße

Die Pappel spricht zum Bäumchen:
»Was machst du dich so breit
Mit den geringen Pfläumchen?«

Es sagt: »Ich bin erfreut,
Daß ich nicht bloß ein Holz,
Nicht eine leere Stange!«

»Was!« ruft die Pappel stolz,
»Ich bin zwar eine Stange,
Doch eine lange, lange!«

Des Abends, wenn ich früh aufsteh ...

Des Abends, wenn ich früh aufsteh,
Des Morgens, wenn ich zu Bette geh,
Dann krähen die Hühner, dann gackelt der Hahn,
Dann fängt das Korn zu dreschen an.
Die Magd die steckt den Ofen ins Feuer,
Die Frau die schlägt drei Suppen in die Eier,
Der Knecht der kehrt mit der Stube den Besen,
Da sitzen die Erbsen die Kinder zu lesen.
O weh, wie sind mir die Stiefel geschwollen,
Daß sie nicht in die Beine nein wollen!
Nimm drei Pfund Stiefel und schmiere das Fett,
Dann stelle mir vor die Stiefel das Bett.

Unbekannter Verfasser

Clemens Brentano

Anne Margritchen ...

Anne Margritchen!
Was willst du, mein Liebchen?
Ich trinke so gerne
Gezuckerten Wein.

Zwei Pfund Zuckerchen,
Ein Pfund Butterchen,
Schütt' es ins Kesselchen,
Rühr' es mit dem Löffelchen.

Zwei Maße Wein,
So muß es gut sein.
Anne Margritchen
Was Zipfel ist das?

Eine Weinsupp', eine Weinsupp'!

Das bucklige Männlein

Will ich in mein Gärtlein gehn,
Will mein Zwiebeln gießen,
Steht ein bucklicht Männlein da,
Fängt als an zu niesen.

Will ich in mein Küchel gehn,
Will mein Süpplein kochen,
Steht ein bucklicht Männlein da,
Hat mein Töpflein brochen.

Will ich in mein Stüblein gehn,
Will mein Müslein essen,
Steht ein bucklicht Männlein da,
Hats schon halber gessen.

Will ich auf mein Boden gehn,
Will mein Hölzlein holen,
Steht ein bucklicht Männlein da,
Hats schon halber gstohlen.

Will ich in mein Keller gehn,
Will mein Weinlein zapfen,
Steht ein bucklicht Männlein da,
Tut mir 'n Krug wegschnappen.

Setz ich mich ans Rädlein hin,
Will mein Fädlein drehen,
Steht ein bucklicht Männlein da,
Läßt mirs Rad nicht gehen.

Geh ich in mein Kämmerlein,
Will mein Bettlein machen,
Steht ein bucklicht Männlein da,
Fängt als an zu lachen.

Will ich an mein Bänklein knien,
Will ein bißchen beten,
Steht ein bucklicht Männlein da,
Fängt als an zu reden.

Liebes Kindlein, ach ich bitt,
Bet fürs bucklicht Männlein mit.

Unbekannter Verfasser

Hans Sachs

Das Schlaraffenland

Ein Gegend heißt Schlaraffenland,
den faulen Leuten wohlbekannt.
Das liegt drei Meilen hinter Weihnachten.
Und welche darein will trachten,
der muß sich großer Ding vermessen
und durch ein Berg mit Hirsbrei essen,
der ist wohl dreier Meilen dick.
Alsdann ist er im Augenblick
in demselbigen Schlaraffenland,
da aller Reichtum ist bekannt.
Da sind die Häuser deckt mit Fladen,
Lebkuchen die Haustür und Laden,
von Speckkuchen Dielen und Wänd,
die Balken von Schweinebraten send.
Um jedes Haus so ist ein Zaun
geflochten von Bratwürsten braun.
Von Malvasier so sind die Brunnen,
kommen eim von selbst ins Maul gerunnen.
Auf den Tannen wachsen Krapfen,
wie hier zu Land die Tannzapfen.
Auf Fichten wachsen gebackne Schnitten.
Eierplätz tut man von Birken schütten.
Wie Pfifferling wachsen die Wecken,
die Weintrauben in Dornhecken.
Auf Weidenkoppen Semmel stehn,
darunter Bäch mit Milch gehn;
die fallen dann in' Bach herab,
daß jedermann zu essen hab,
gesotten, gebraten, gesalzen und gebacken
und gehn bei dem Gestad gar nahen,
lassen sich mit den Händen fahen.
Auch fliegen um (das mögt ihr glauben)
gebrat'ne Hühner, Gäns und Tauben.

Wer sie nicht fängt und ist so faul,
dem fliegen sie von allein ins Maul.
Die Säu all Jahr gar wohl geraten,
laufen im Land um, sind gebraten.
Jede ein Messer hat im Rück',
damit ein jeder schneid' ein Stück
und steckt das Messer wieder drein.
Die Kreuzkäs wachsen wie die Stein.
So wachsen Bauern auf den Baumen,
gleich wie in unserm Land die Pflaumen.
Wenn zeitig sind, da fallen sie ab,
jeder in ein Paar Stiefel herab.
Wer Pferd hat, wird ein reicher Meier,
denn sie legen ganz Körb voll Eier.
So schüttet man aus den Eseln Feigen.
Nicht hoch braucht man nach den Kirschen steigen,
wie die Schwarzbeern sie wachsen tun.
Auch ist in dem Land ein Jungbrunn,
darin verjüngen sich die Alten.
Viel Kurzweil wird im Land gehalten.
So nach dem Ziel schießen die Gäst',
wer am weitesten daneben, gewinnt das Best.
Beim Laufen gewinnt der Letzte allein.
Das Polsterschlafen ist allgemein.
Ihr Weidwerk ist mit Flöh und Läusen,
mit Wanzen, Ratten und Mäusen.
Auch ist im Land gut Geld zu gewinnen.
Wer sehr faul ist und schläft darinnen,
dem gibt man für die Stund zwei Pfennig,
er schlaf ihr gleich viel oder wenig.

Ein Furz gilt einen Binger Haller,
drei Rülpser einen Jochimstaler.
Und welcher da sein Geld verspielt,
zwiefach man ihm das wiedergilt.
Und welcher auch nicht gern bezahlt,
wenn die Schuld wird eins Jahres alt,

so muß ihm jener dazu geben.
Und welcher liebt ein gutes Leben,
dem gibt man für den Trunk einen Batzen.
Und welcher wohl die Leut kann fatzen,
dem gibt man drei Kreuzer zum Lohn.
Für eine große Lüg' gibt's ein Kron.

Doch muß sich da hüten ein Mann,
aller Vernunft ganz müßig stahn.
Wer Sinn und Witz gebrauchen wollt,
dem wär kein Mensch im Lande hold,
und wer gern arbeit' mit der Hand,
dem verböt' man das Schlaraffenland.
Wer Zucht und Ehrbarkeit hätt lieb,
denselben man des Lands vertrieb.
Wer unnütz ist, nichts will lern',
der kommt im Land zu großen Ehrn,
wann wer der Faulste wird erkannt,
derselb ist König in dem Land.
Wer wüst, wild und unsinnig ist,
grob, unverstanden zu aller Frist,
aus dem macht man im Land ein Fürsten.
Wer gerne ficht mit Leberwürsten,
aus dem ein Ritter wird gemacht.
Wer liederlich ist und auf nichts acht'
als auf Essen, Trinken und viel Schlafen,
aus dem macht man im Land ein' Grafen.
Wer tölpisch ist und gar nichts kann,
der ist im Land ein Edelmann.

Wer also lebt wie obgenannt,
der ist gut fürs Schlaraffenland,
das von den Alten ist erdicht',
zu Straf der Jugend zugericht',
die gewöhnlich faul ist und gefräßig,
ungeschickt, heillos und nachlässig,
daß man sie weis ins Land zu Schlaraffen,

damit ihr liederlich Weis zu strafen,
daß sie haben auf Arbeit acht,
weil faule Weis nie Gutes bracht.

Paul Maar

Land auf dem Sonntag

Im Scheinensonn
taubt eine Gurre,
im Schattenhaus
katzt eine Schnurre.

Es hummelt eine Brumm
wie ein Wagenlast.
Sanft schweint ein Grunz
vor der Wirtschaftsgast.

Im Weiherdorf
froscht tief der Tauch.
Oben am Dachhaus
schlotet der Rauch.

Ein Pinkel, der hundet
auf Blumenmohn.
Der Schimpf vatert laut
im Zimmerwohn.

Ein Fahrersonntag
wagent den Wende.
Das dauert zu lange,
drum gedichtet das Ende.

Paul Maar

Kater

Trinkt unsre Katze abends
so ein, zwei, drei Glas Bier,
dann kriegt sie einen Kater.
Das weiß das kluge Tier.

Victor Blüthgen

Schaukellied

Flieg über, flieg ’rüber – was hängt an dem Ast?
Das ist unsre Schaukel, die findet nicht Rast,
Die ständ’ gern so stille wie ich und wie du,
Sucht oben, sucht unten und kommt nicht dazu.

Lieb Hänschen, lieb Hannchen, nun haltet euch nur!
Das geht wie der Pendel in Großmamas Uhr.
Lieb Hänschen, lieb Hannchen, ich wieg euch so gut
Mit Eia popeia, wie Mutter das tut.

Guten Abend, lieb Hänschen, – lieb Hannchen, gut’ Nacht.
Da – hat sie die Schaukel schon wiedergebracht.
Ihr wiegt hundert Pfund, und ihr seid mir zu schwer:
Noch zweimal, noch einmal – nun schaukl’ ich nicht mehr.

Max Kruse

Nimm Entenfedern ...

Nimm Entenfedern,
Löwenzahn
und einen Löffel
Lebertran.
Sprich Hunke-
munke-mops dabei
und mische
einen dicken Brei.
Schmier dir
die Nasenspitze ein
und stell dich
in den Mondenschein.
Und schwebst du nun
nicht in die Nacht –
dann hast du was
verkehrt gemacht!

Joachim Ringelnatz

Die Ameisen

In Hamburg lebten zwei Ameisen,
Die wollten nach Australien reisen.
Bei Altona auf der Chaussee
Da taten ihnen die Beine weh,
Und da verzichteten sie weise
Dann auf den letzten Teil der Reise.

Joachim Ringelnatz

Im Park

Ein ganz kleines Reh stand am ganz kleinen Baum
Still und verklärt wie im Traum.
Das war des Nachts elf Uhr zwei.
Und dann kam ich um vier
Morgens wieder vorbei,
Und da träumte noch immer das Tier.
Nun schlich ich mich leise – ich atmete kaum –
Gegen den Wind an den Baum,
Und gab dem Reh einen ganz kleinen Stips.
Und da war es aus Gips.

Allerlei Menschen

Christian Felix Weiße

Der Aufschub

Morgen, morgen, nur nicht heute!
Sprechen immer träge Leute,
Morgen! heute will ich ruhn:
Morgen jene Lehre fassen,
Morgen diesen Fehler lassen,
Morgen dies und jenes tun!

Und warum nicht heute? morgen
Kannst du für was andres sorgen!
Jeder Tag hat seine Pflicht.
Was geschehn ist, ist geschehen:
Dies nur kann ich übersehen;
Was geschehn kann, weiß ich nicht.

Wer nicht fortgeht, geht zurücke;
Unsre schnellen Augenblicke
Gehn vor sich, nie hinter sich.
Das ist mein, was ich besitze,
Diese Stunde, die ich nütze,
Die ich hoff', ist die für mich?

Jeder Tag, ist er vergebens,
Ist im Buche meines Lebens
Nichts, ein unbeschriebnes Blatt!
Wohl dann! Morgen, so wie heute,
Steh' darin auf jeder Seite
Von mir eine gute Tat.

Matthias Claudius

Die Geschichte von Goliath und David, in Reime bracht

1

War einst ein Riese Goliath
Gar ein gefährlich Mann!
Er hatte Tressen auf dem Hut
Mit einem Klunker dran
Und einen Rock von *Drap d'argent*
Und alles so nach *advenant*.

2

An seinen Schnurrbart sah man nur
Mit Gräsen und mit Graus,
Und dabei sah' er von Natur
Pur wie der – aus.
Sein Sarras war, man glaubt es kaum,
So groß schier als ein Weberbaum.

3

Er hatte Knochen wie ein Gaul
Und eine freche Stirn
Und ein entsetzlich großes Maul
Und nur ein kleines Hirn;
Gab jedem einen Rippenstoß
Und flunkerte und prahlte groß.

4

So kam er alle Tage her
Und sprach Israel Hohn.
»Wer ist der Mann? Wer wagt's mit mir?
Sei Vater oder Sohn,
Er komme her, der Lumpenhund,
Ich bax 'n nieder auf den Grund.«

5

Da kam in seinem Schäferrock
 Ein Jüngling zart und fein;
Er hatte nichts als seinen Stock,
 Als Schleuder und den Stein,
 Und sprach: »Du hast viel Stolz und Wehr,
 Ich komm' im Namen Gottes her.«

6

Und damit schleudert' er auf ihn
 Und traf die Stirne gar;
Da fiel der große Esel hin
 So lang und dick er war.
 Und David haut' in guter Ruh,
 Ihm nun den Kopf noch ab dazu.

7

Trau nicht auf deinen Tressenhut,
 Noch auf den Klunker dran!
Ein großes Maul es auch nicht tut:
 Das lern vom langen Mann;
 Und von dem kleinen lerne wohl:
 Wie man mit Ehren fechten soll.

Johann Wolfgang von Goethe

Die wandelnde Glocke

Es war ein Kind, das wollte nie
Zur Kirche sich bequemen,
Und sonntags fand es stets ein Wie,
Den Weg ins Feld zu nehmen.

Die Mutter sprach: Die Glocke tönt,
Und so ist dir's befohlen,
Und hast du dich nicht hingewöhnt,
Sie kommt und wird dich holen.

Das Kind, es denkt: Die Glocke hängt
Da droben auf dem Stuhle.
Schon hat's den Weg ins Feld gelenkt,
Als lief es aus der Schule.

Die Glocke, Glocke tönt nicht mehr,
Die Mutter hat gefackelt.
Doch welch ein Schrecken! hinterher
Die Glocke kommt gewackelt.

Sie wackelt schnell, man glaubt es kaum!
Das arme Kind im Schrecken,
Es läuft, es kommt als wie im Traum;
Die Glocke wird es decken.

Doch nimmt es richtig seinen Husch,
Und mit gewandter Schnelle
Eilt es durch Anger, Feld und Busch
Zur Kirche, zur Kapelle.

Und jeden Sonn- und Feiertag
Gedenkt es an den Schaden,
Läßt durch den ersten Glockenschlag,
Nicht in Person sich laden.

Wilhelm Hey

Kind und Buch

»Komm her einmal, du liebes Buch;
Sie sagen immer, du bist so klug.
Mein Vater und Mutter, die wollen gerne,
Daß ich was Gutes von dir lerne;
Drum will ich dich halten an mein Ohr;
Nun sag mir all' deine Sachen vor.

Was ist denn das für ein Eigensinn,
Und siehst du nicht, daß ich eilig bin?
Möchte gern spielen und springen herum,
Und du bleibst immer so stumm und dumm?
Geh, garstiges Buch, du ärgerst mich,
Dort in die Ecke werf' ich dich.«

Friedrich von Schiller

Am Geburtstag der Frau Kriegsrat Griesbach

(Im Namen seines Söhnchens Karl)

Wach' auf, Frau Griesbach! ich bin da
Und klopf' – an deine Türe.
Mich schickt Papa und die Mama,
Daß ich dir gratuliere.

Ich bringe nichts als ein Gedicht
Zu deines Tages Feier;
Denn alles, wie die Mutter spricht,
Ist so entsetzlich teuer.

Sag' selbst, was ich dir wünschen soll;
Ich weiß nichts zu erdenken.
Du hast ja Küch' und Keller voll,
Nichts fehlt in deinen Schränken.

Es wachsen fast dir auf den Tisch
Die Spargeln und die Schoten;
Die Stachelbeeren blühen frisch,
Und so die Reineclauden.

Bei Stachelbeeren fällt mir ein,
Die schmecken gar zu süße;
Und wenn sie werden zeitig sein,
So sorge, daß ich's wisse.

Viel fette Schweine mästest du
Und gibst den Hühnern Futter,
Die Kuh im Stalle ruft muh! muh!
Und gibt dir Milch und Butter.

Es haben alle dich so gern,
Die Alten und die Jungen,

Und deinem lieben, braven Herrn
Ist alles wohl gelungen.

Du bist wohlauf, Gott Lob und Dank!
Mußt's auch fein immer bleiben;
Und höre! werde ja nicht krank,
Daß sie dir nichts verschreiben.

Nun lebe wohl, ich sag' ade.
Gelt? ich war heut bescheiden!
Doch könntest du mir, eh' ich geh',
'ne Butterbemme schneiden.

Robert Reinick

Großes Geheimnis

Es sitzt ein Knab am Bach
und sieht den Wellen nach.
Sie sprudeln und sie rauschen.
Er denkt: »Ich muß doch lauschen,
was all die Wellen plaudern!«
Und's Knäblein ohne Zaudern,
es bückt sich zu den Quellchen,
da kommt ganz fix ein Wellchen
gesprudelt und gerauscht –
was hat es da gelauscht!

Doch kann es nichts verstehen,
und eh es sich's versehen,
bückt es sich tiefer hin –
und liegt im Wasser drin.
Zum Glücke war der Bach
ganz hell und klar und flach,
schnell sprang der Knab heraus
und sah ganz lustig aus.

Und als ich ihn gefragt,
was ihm der Bach gesagt,
sprach er nach kurzem Zaudern:
»Ihr dürft es keinem plaudern!
Ein groß' Geheimnis ist,
was er mir sagte, wißt!
Er sagte, wißt ihr, was?
Das Wasser, das macht naß!«

Christine Busta

Weißt du, wie still …

Weißt du, wie still
der Fischer sitzt?

Auch wenn ihn eine Mücke sticht,
er schlägt sie nicht, er kratzt sich nicht.
Er darf den Fisch nicht stören,
sonst bleibt das Netz, die Angel leer,
kein Schwanz taucht aus der Tiefe mehr.

Doch weil er so geduldig sitzt,
kann er, wenn er die Ohren spitzt,
das Zottelfell von seinem Hund,
den eignen Bart um Kinn und Mund
ganz langsam wachsen hören.

Otto Ernst

Lütt Jan

Jan Boje wünscht sich lange schon
ein Schiff – ach Gott, wie lange schon!
Ein Schiff so groß – ein Schiff – hurra:
Von hier bis nach Amerika.

Die höchsten Tannen sind zu klein,
die Masten müßten Türme sein,
die stießen – hei, was ist dabei? –
klingling das Himmelsdach entzwei.

Die Wolken wären Segel gut,
die knallen wild im Wind vor Wut;
Jan Boje hängt am Klüverbaum
und strampelt nackt im Wellenschaum.

Jan baumelt an der Reling, Jan!
Und schaukelt, was er schaukeln kann.
Wenns an die Planken plitscht und platscht,
der blanke Steert ins Wasser klatscht.

Wie greift er da die Fische flink:
Ein Butt bei jedem Wellenblink!
Die dörrt auf Deck der Sonnenschein,
und Jantje beißt vergnügt hinein.

Jan Boje segelt immerfort,
spuckt über Back- und Steuerbord
und kommt zurück trotz Schabernack,
das ganze Schiff voll Kautabak.

Wer aber ist Jan Boje, he?
Der Teufelsmaat und Held zur See?
Jan Boje ist ein Fischerjung,
ein Knirps, ein Kerl, ein frischer Jung.

Grad liegt er auf dem Bauch im Sand
und lenkt ein schwimmend Brett am Band,
und ob die Woge kommt und geht,
ob sich sein Brett im Wirbel dreht –:
Sein starrer Blick ins Ferne steht.

Da schwillts heran im Sonnengleiß
von tausend Segeln breit und weiß;
da hebt sich manch ein Riesenbug
wie düstrer Spuk und Augentrug . . .

Das wandert ewig übers Meer.
Wann kommt Jan Bojes Schiff daher?

Richard und Paula Dehmel

Anziehliedchen

Wer strampelt im Bettchen?
Versteckt sich wie 'n Dieb?
Das ist der Rumpumpel,
Den haben wir lieb.

Was guckt da für 'n Näschen?
Ein Bübchen sitzt dran.
Das ist der Rumpumpel,
Den ziehn wir jetzt an.

Erst wird er gewaschen
Vom Kopf bis zur Zeh;
Er weint nicht, er greint nicht,
Denn es tut ja nicht weh.

Schnell her mit dem Hemdchen:
Da schlüpfen wir fein
Erst rechts und dann links
In die Ärmelchen 'rein.

Fix an noch die Strümpfchen,
Fix an auch die Schuh;
Kommt's Händchen, schnürt's Bändchen,
Schon sind sie zu.

Nun Leibchen und Höschen,
Ein Röckchen kommt auch;
Sonst friert dem Rumpumpel
Sein kleiner runder Bauch.

Das Kämmchen kämmt sachte,
Aber still muß man stehn;
Zuletzt noch das Kleidchen,
Der Tausend, wie schön!

Adolf Halbey

Pampelmusensalat

Bei der Picknickpause in Pappelhusen
aß Papa mit Paul zwei Pampelmusen.
Doch bei dem Pampelmusengebabbel
purzelte plötzlich der Paul von der Pappel
mit dem Popo in Papas Picknickplatte,
wo Papa die Pampelmusen hatte.

»O Paul«, schrie Papa, »du bist ein Trampel!
Plumpst mitten in meine Musepampel –
Ich wollte sagen: in die Mampelpuse –
Nein: Pumpelmase, – nein: Pampelmuse!«

Das gab vielleicht ein Hallo!
Die Pappeln, der Papa, der Paul und sein Po,
das Picknick, die Platte (um die war es schad!) –
das war ein Pampelmusensalat!

Hans Stempel und Martin Ripkens

Die Rolltreppe

Als wir heut im Kaufhaus waren,
sind wir Rolltreppe gefahren,
mal treppauf,
mal treppab,
mal hinauf,
mal hinab,
Rolltreppe gefahren.

Viele Menschen kamen kaufen,
viele Menschen sahn wir schnaufen,
mal treppauf,
mal treppab,
mal hinauf,
mal hinab,
viele sahn wir schnaufen.

Nur wir spielten auf den Treppen,
spielten, ohne was zu schleppen,
mal treppauf,
mal treppab,
mal hinauf,
mal hinab,
ohne was zu schleppen.

James Krüss

Feuerwehrlied

Es brennt, es brennt, es brennt so sehr.
Da kommt in Blau die Feuerwehr.
Tatü, tatü.
Die Leute machen viel Geschrei.
Die Feuerwehr ruft: Wasser frei!
Tatü, tatü.

Es brennt, es brennt mit dunklem Rauch.
Doch wart, jetzt kommt der Wasserschlauch.
Tatü, tatü.
An Schläuchen stehen sieben Mann.
Das Feuer fängt zu zischen an.
Tatü, tatü.

Es brennt, es brennt; doch da schau her:
Jetzt brennt es schon viel weniger.
Tatü, tatü.
Es qualmt, es qualmt, der Rauch wird dick.
Das Feuer aber geht zurück.
Tatü, tatü.

Es brannte, brannte, brannte sehr.
Da kam in Blau die Feuerwehr.
Tatü, tatü.
Sie löschte alle Flammen aus
und fährt zufrieden nun nach Haus.
Tatü, tatü.

Günter Kunert

Leute

Kleine Leute, große Leute
gab es gestern, gibt es heute,
wird es sicher immer geben,
über, unter, hinter, neben

dir und mir und ihm und ihr:
Kleine, Große sind wie wir.
Größer als ein Großer kann
aber sein ein kleiner Mann.

Klein und groß sagt gar nichts aus,
sondern nur, was einer draus
für sich selbst und alle macht.
Darum habe darauf acht:

Wer den andern hilft und stützt
und sich nicht nur selber nützt,
hat das richtige Format –
ob ein Zwerg er oder grad

lang wie eine Latte ist
oder einen Meter mißt.
Kleine Leute, große Leute
gab es gestern, gibt es heute.

Michael Ende

Ansteckung

Ein Schnurps zu morgendlicher Stund'
benimmt sich unerfreulich.
Er ist (ganz ohne tiefern Grund)
unleidig und abscheulich.

Die schlechte Laune läßt er aus
an seiner armen Mutter,
die geht verdrießlich aus dem Haus,
zu kaufen ein Pfund Butter.

Dem Milchmann, welcher freundlich grüßt,
antwortet sie verstimmt,
was diesen wiederum verdrießt,
weil er's persönlich nimmt.
Die nächsten Kunden, die er hat,
knurrt er verärgert an.
Die tragen's weiter in die Stadt,
nach Haus zu Kind und Mann.

Helmut Ballot

Ich und mein Fahrrad

Ich trete die Pedale.
Von kreisender Kraft
getrieben,
schießt mein Fahrrad dahin.
Die Straßen, die Höhen
hinauf und hinab.

Die Kette schnurrt.
Chrom-Nickelglanz
sprüht aus surrenden Speichen.

Noch schneller,
noch schneller.

So jag ich dahin,
der Schnellste,
der Beste,
von keinem erreicht.
Mit Siegeswimpeln
kehre ich heim.

Theodor Storm

In Bulemanns Haus

Es klippt auf den Gassen im Mondenschein;
da ist die zierliche Kleine,
die geht auf ihren Pantöffelein
behend und mutterseelenallein
durch die Gassen im Mondenscheine.

Sie geht in ein alt verfallenes Haus;
im Flur ist die Tafel gedecket,
da tanzt vor dem Monde die Maus mit der Maus,
da setzt sich das Kind mit den Mäusen zu Schmaus,
die Tellerlein werden gelecket.

Und leer sind die Schüsseln, die Mäuslein im Nu
verrascheln in Mauer und Holze;
nun läßt es dem Mägdlein auch länger nicht Ruh,
sie schüttelt ihr Kleidchen, sie schnürt sich die Schuh,
dann tritt sie einher mit Stolze.

Es leuchtet ein Spiegel mit goldnem Gestell,
da schaut sie hinein mit Lachen;
gleich schaut auch heraus ein Mägdelein hell,
das ist ihr einziger Spielgesell;
nun wolln sie sich lustig machen.

Sie nickt voll Huld, ihr gehört ja das Reich;
da neigt sich das Spiegelkindlein,
da neigt sich das Kind vor dem Spiegel zugleich,
da neigen sich beide gar anmutreich,
da lächeln die rosigen Mündlein.

Und wie sie lächeln, so hebt sich der Fuß,
es rauschen die seidenen Röcklein,
die Händchen werfen sich Kuß um Kuß,

das Kind mit dem Kinde nun tanzen muß,
es tanzen im Nacken die Löcklein.

Der Mond scheint voller und voller herein,
auf dem Estrich gaukeln die Flimmer:
Im Takte schweben die Mägdelein,
bald tauchen sie tief in den Schatten hinein,
bald stehn sie in bläulichem Schimmer.

Nun sinken die Glieder, nun halten sie an
und atmen aus Herzens Grunde;
sie nahen sich schüchtern und beugen sich dann
und knien voreinander und rühren sich an
mit dem zarten unschuldigen Munde.

Doch müde werden die beiden allein
von all der heimlichen Wonne;
sehnsüchtig flüstert das Mägdelein:
»Ich mag nicht mehr tanzen im Mondenschein,
ach, käme doch endlich die Sonne!«

Sie klettert hinunter ein Trepplein schief
und schleicht hinab in den Garten.
Die Sonne schlief, und die Grille schlief:
»Hier will ich sitzen im Grase tief,
und der Sonne will ich warten.«

Doch als nun morgens um Busch und Gestein
verhuschet das Dämmergemunkel,
da werden dem Kinde die Äuglein klein;
sie tanzte zu lange beim Mondenschein,
nun schläft sie bei Sonnengefunkel.

Nun liegt sie zwischen den Blumen dicht
auf grünem, blitzendem Rasen,
und es schauen ihr in das süße Gesicht
die Nachtigall und das Sonnenlicht
und die kleinen neugierigen Hasen.

Friedrich Wilhelm Güll

Kletterbüblein

Steigt das Büblein auf den Baum,
O so hoch, man sieht es kaum!
    Schlüpft
  Von Ast zu Ästchen,
    Hüpft
  Zum Vogelnestchen,
    Ui!
  Da lacht es,
    Hui!
  Da kracht es,
Plumps, da liegt es drunten.

Theodor Fontane

Herr von Ribbeck auf Ribbeck im Havelland

Herr von Ribbeck auf Ribbeck im Havelland,
Ein Birnbaum in seinem Garten stand,
Und kam die goldene Herbsteszeit
Und die Birnen leuchteten weit und breit,
Da stopfte, wenns Mittag vom Turme scholl,
Der von Ribbeck sich beide Taschen voll,
Und kam in Pantinen ein Junge daher,
So rief er: »Junge, wiste ne Beer?«
Und kam ein Mädel, so rief er: »Lütt Dirn,
Kumm man röwer, ick hebb ne Birn.«

So ging es viele Jahre, bis lobesam
Der von Ribbeck auf Ribbeck zu sterben kam.
Er fühlte sein Ende. ’s war Herbsteszeit,
Wieder lachten die Birnen weit und breit,
Da sagte von Ribbeck: »Ich scheide nun ab.
Legt mir eine Birne mit ins Grab.«
Und drei Tage drauf, aus dem Doppeldachhaus,
Trugen von Ribbeck sie hinaus,
Alle Bauern und Büdner mit Feiergesicht
Sangen »Jesus meine Zuversicht«,
Und die Kinder klagten, das Herze schwer:
»He is dod nu. Wer giwt uns nu ne Beer?«

So klagten die Kinder. Das war nicht recht,
Ach, sie kannten den alten Ribbeck schlecht,
Der neue freilich, der knausert und spart,
Hält Park und Birnbaum strenge verwahrt.
Aber der alte, vorahnend schon
Und voll Mißtrauen gegen den eigenen Sohn,
Der wußte genau, was damals er tat,
Als um eine Birn ins Grab er bat,
Und im dritten Jahr, aus dem stillen Haus
Ein Birnbaumsprößling sproßt heraus.

Und die Jahre gehen wohl auf und ab,
Längst wölbt sich ein Birnbaum über dem Grab,
Und in der goldenen Herbsteszeit
Leuchtets wieder weit und breit.
Und kommt ein Jung übern Kirchhof her,
So flüsterts im Baume: »Wiste ne Beer?«
Und kommt ein Mädel, so flüsterts: »Lütt Dirn,
Kumm man röwer, ick gew di ne Birn.«

So spendet Segen noch immer die Hand
Des von Ribbeck auf Ribbeck im Havelland.

Erich Kästner

Die Sache mit den Klößen

Der Peter war ein Renommist.
Ihr wißt vielleicht nicht, was das ist.
Ein Renommist, das ist ein Mann,
der viel verspricht und wenig kann.

Wer fragte: »Wie weit springst du, Peter?«,
bekam zur Antwort: »Sieben Meter.«
In Wirklichkeit – Kurt hat's gesehn –
sprang Peter bloß drei Meter zehn.

So war es immer: Peter log,
daß sich der stärkste Balken bog.
Und was das Schlimmste daran war:
Er glaubte seine Lügen gar!

Als man einmal vom Essen sprach,
da dachte Peter lange nach.
Dann sagte er mit stiller Größe:
»Ich esse manchmal dreißig Klöße.«

Die andern Kinder lachten sehr,
doch Peter sprach: »Wenn nicht noch mehr!«
»Nun gut«, rief Kurt, »wir wollen wetten.«
(Wenn sie das bloß gelassen hätten!)

Der Preis bestand, besprachen sie,
in einer Taschenbatterie.
Die Köchin von Kurts Eltern kochte
die Klöße, wenn sie's auch nicht mochte.

Kurts Eltern waren ausgegangen.
So wurde endlich angefangen.
Vom ersten bis zum fünften Kloß,
da war noch nichts Besondres los.

Die andern Kinder saßen stumm
um Peter und die Klöße rum.
Beim siebenten und achten Stück
bemerkte Kurt: »Er wird schon dick.«

Beim zehnten Kloß ward Peter weiß
und dachte: »Kurt erhält den Preis.«
Ihm war ganz schlecht, doch tat er heiter
und aß, als ob's ihm schmeckte, weiter.

Er schob die Klöße in den Mund
und wurde langsam kugelrund.
Der Anzug wurde langsam knapp.
Die Knöpfe sprangen alle ab.

Die Augen quollen aus dem Kopf.
Doch griff er tapfer in den Topf.
Nach fünfzehn Klößen endlich sank
er stöhnend von der Küchenbank.

Die Köchin Hildegard erschrak,
als er so still am Boden lag.
Dann fing er gräßlich an zu husten,
daß sie den Doktor holen mußten.

»Um Gottes willen«, rief er aus,
»der Junge muß ins Krankenhaus.«
Vier Klöße steckten noch im Schlund.
Das war natürlich ungesund.

Mit Schmerzen und für teures Geld
ward Peter wieder hergestellt.
Das Renommieren hat zuzeiten
auch seine großen Schattenseiten.

Heinrich Hoffmann

Der Herr Knirps

Da sagen sie immer, ich sei nur ein Kleines,
Ein Knirpschen, ein Kerlchen, ein Bürschchen und so.
Sie meinen noch wunder, was sie mir da Feines
Und Artiges sagen. Ich denke: Ho, Ho!

Kein Wunder, wenn ich einmal ärgerlich werde;
Da bleibe geduldig, wer bleiben es kann;
Ich reiche vom Kopf doch hinab bis zur Erde,
Und bin doch ein ganzer, ein stattlicher Mann!

Jetzt will ich's euch zeigen; dann laßt ihr das Lachen!
Bald steh' ich als Herr, als ein wirklicher, da.
Es sind nur die Kleider, die kleiner mich machen.
Jetzt nehm' ich die Stiefel von meinem Papa.

Nun hol' ich den Rock mir. – Ja! aber da sollt' ich,
Und weiß doch nicht wo, mit den Armen hinein! –
– Ich hab es! – So geht es! Wie steht mir das goldig! –
Fast könnt' ich mein eigner Herr Vater jetzt sein!

Das spanische Rohr! – So muß ich es fassen!
Ein weniges ist es nun freilich zu lang.
Jetzt werden die Leute das Necken schon lassen!
Der Stock gibt dem Mann den gehörigen Gang.

Nun aber die Pfeife! So recht mit Behagen!
Grad wie sie tagtäglich mein Väterchen schmaucht.
Ich kann schon das Rauchen ein wenig vertragen,
Zumal wenn der Tabak nicht brennt und nicht raucht.

Jetzt schaut einmal her! Nun könnt ihr ermessen,
Was alles am Menschen die Kleidung tut. –
Doch halt! – Ei, fast hätt' ich das Beste vergessen!
Es trägt auf dem Kopfe der Mann einen Hut.

Ich geh' auf die Straße und zeige mich dorten
Und spiel' meine Rolle gewißlich nicht schlecht.
Die werden mich grüßen mit höflichen Worten:
»Ergebenster Diener! Gehorsamster Knecht!« –

Er schreitet und stolpert und kollert. Da liegt er!
Es zappelt am Boden die kleine Gestalt. – –
Der Traum deiner Jugend, wie eilig verfliegt er!
Du Knirpschen, erwart' es! Die Zeit macht dich alt.

Berliner Spruch

Ich sitze da und esse Klops.
Uff eemol kloppts.
Ich warte, staune, wundre mir,
Uff eemol geht sie uff, die Tür.
Nanu denk ick, ick denk nanu!
Jetzt ist sie uff, erst war sie zu.
Ick jehe raus und kieke –
Und wer steht draußen? – Icke!

Unbekannter Verfasser

Max Bolliger

Was du alles kannst

Der Mutter den Kuchenteig rühren,
einen Blinden über die Straße führen.
Die Zehen und Finger zählen,
deine Freunde wählen.
Beim Spiel verweilen,
das Brot und den Apfel teilen.
Über dein Brüderchen wachen,
singen, tanzen und lachen,
dein Dreirad lenken –
und denken!

Allerlei Tiere

Johann Wilhelm Ludwig Gleim

Der Hirsch. Der Hase. Der Esel

Ein Hirsch mit prächtigem Geweih
Von achtzehn Enden ging spazieren.
Ein Hase lief vorbei,
Sah ihn und stutzte.

Starr auf allen vieren
Steht er und gafft ihn an,
Macht Männchen, geht heran,
Sagt: »Lieber, sieh mich an!
Ich bin ein kleiner Hirsch!
Denn, spitz' ich meine Ohren,
So hab' ich solch Geweih wie du.«

Ein Esel hört zu,
Sprach: »Häschen du hast recht,
Wir sind von einerlei Geschlecht,
Der Hirsch, und ich, und du!«

Der Hirsch tat einen Seitenblick,
Und ging in dicken Wald zurück.

Johann Wilhelm Ludwig Gleim

Der Aal und die Schlange

»Betrachte mich einmal«,
Sprach eine Schlange zu dem Aal,
»Bin ich nicht wunderschön?
Ist wohl noch eine Haut so buntgefleckt zu sehn? –
Die deine zwar ist glatt, doch mein' ist glatt und schön!«
»Schön ist«, antwortete der Aal,
»Die deinige, die meinige nur glatt!
Wie aber kommt's, das sag' einmal,
Daß man mich lieber hat
Und lieber sieht, als dich? Ein jeder, der dich sieht,
Hat Furcht und Schrecken im Gesicht,
Ruft Hülf' und flieht.«
Die wunderschöne Schlange spricht:
»Er flieht? Warum? – Das weiß ich nicht!«
»Ich aber weiß es«, spricht der Aal;
»Auch wissen's ja die Menschen alle,
Die dich im Grase liegen sehn:
Von *außen* bist du schön,
Von *innen* – Gift und Galle!«

Ludwig Heinrich von Nicolai

Die Löwin und das Schwein

Der Löwin spottete das Schwein:
»Ein Junges hast du nur, ich neune!«
»Wahr ist's«, fällt ihm die Löwin ein;
»Jedoch ein *Löw'* ist dieser eine.«

Ludwig Heinrich von Nicolai

Der Kater und der Wetterhahn

Ein junger Kater sah den goldnen Wetterhahn,
Der auf dem Turme stand, für wahr und lebend an.
»Welch schöner Wuchs! wie glänzend sein Gefieder!
Das wär' ein Bissen! – Doch er regt sich nicht.
Wie kommt es?« – Zephyr haucht, indem er dieses spricht;
Und kreischend dreht der Hahn sich hin und wieder.

Entschlossen schleicht nunmehr der Held
Sich in den Turm, besteigt durch eine Lücke
Des hohen Daches steiles Feld,
Erreicht den Gipfel nun, ballt sich; mit stierem Blicke
Belauert er den Hahn, der, steif und ungestört,
Ihm bald den Kopf und bald den Rücken kehrt.
Nun spitzt der Kater seine Klauen,
Versucht es, sie dem Hahn ins Fleisch zu hauen:
Umsonst; die Klauen fassen nicht.
Des Irrtums überzeuget, spricht
Zuletzt der Kater: »Wie? von unten schien der Wicht
So resch und fett. Ich wagte seinetwillen
Das Leben gar. Ich Tor! er taugt ja nur zum Trillen.«

Wie mancher hoher, goldner Mann
Ist, nah gesehen, ein platter Wetterhahn!

August Heinrich Hoffmann von Fallersleben

Wie der Zaunschlüpfer König ward

Weithin König Adler sah,
Wie der Frühling fern und nah
Alles hatte schön geschmückt
Und erfreuet und beglückt.

König Adler fröhlich war,
Rief: »Gut Heil, du Vogelschar!
Morgen soll ein Turnfest sein,
Und ich lad' euch alle ein!«

Und da kam die Vogelschar:
Rabe, Drossel, Elster, Star,
Meise, Häher, Wiedehall,
Kuckuck, Specht und Nachtigall.

Und man reckt sich, streckt sich, ringt,
Klettert, schwingt sich, hüpft und springt;
Endlich kommt der Dauerlauf –
König Adler spricht darauf:

»Stellt euch jetzt in Reih' und Glied,
Alle, ohne Unterschied!
Wer am höchsten fliegen kann,
Der soll König sein fortan!«

Turr! da flog die ganze Schar,
Aber unterm Flügelpaar
König Adlers saß versteckt
Herr Zaunschlüpfer unentdeckt.

Als der Adler endlich doch
Matt ward, flog Zaunschlüpfer noch,
Höher noch ein ganzes Stück,
Kam als König dann zurück.

Der Ball der Tiere

Mich dünkt, wir geben einen Ball!
Sprach die Nachtigall.
So? sprach der Floh.
Was werden wir essen? sprachen die Wespen.
Nudeln! sprachen die Pudeln.
Was werden wir trinken? sprachen die Finken.
Bier! sprach der Stier.
Nein, Wein! sprach das Schwein.
Wo werden wir denn tanzen? sprachen die Wanzen.
Im Haus! – sprach die Maus.

Unbekannter Verfasser

Der Enten Königin und ihr Volk

Das war der Enten Königin, die setzte die Füße fein,
Und alle Enten mühten sich, im Gange ähnlich ihr zu sein.
Da traf sie eines Buben Wurf, die arme Kön'gin wurde lahm,
Sie hinkte, doch sie wußte klug zu lindern ihren tiefen Gram;
Sie sammelte ihr Volk um sich und pries ihr Hinken frank und frei
Und sagte der erstaunten Schar, daß Hinken neuste Mode sei.
Den Enten leuchtete das ein und eifrig ahmten sie ihr nach
Und hinkten in dem Hof umher und hinken noch bis diesen Tag.

Unbekannter Verfasser

Gottfried Keller

Spiel der Murmeltiere

In der Sonne vor dem Hause
Saß die Murmelfrau und säugte
Ihre Buben, die zu naschen
Ab und zu vom Spiele kamen.

Doch der Mann, der scharfbewehrte,
Rüstig mäht er Gras und Kräuter;
Kundig wie ein Pharmazeute
Wählt er nur, was fein und würzig.

Ausgebreitet lag die Ernte,
Trocknend in dem warmen Scheine,
Und die Kinder schlugen fröhlich
Purzelbäume auf den Mahden.

Doch der alte Schwiegervater
Legt sich jetzo auf den Rücken,
Der schon lange kahl gescheuert,
Und er streckt empor die Beine.

Und mit Heu, das herrlich duftet,
Wird er emsig hoch beladen,
Daß ein Fuder zierlich schwillt,
Fast von eines Zwergleins Höhe.

Und am Schwänzel mit den Zähnen
Wird das Fuhrwerk jetzt gezogen;
Stattlich schwankt es nach der Tanne,
Nach der klug gebauten Hofstatt.

Lust und Freude rings umhüpft es,
Nur die Murmelmutter sorgt sich;
Denn hoch oben auf dem Heuberg
Sitzt ein Bübchen, macht sein Männchen.

Wird es nicht den Kopf sich stoßen
An des Tores niederm Bogen?
Aber sieh den Schelm, er duckt sich,
Jubelnd fährt er mit hinunter!

Und sie sprangen, und sie sangen,
Tranken aus der klaren Quelle;
Und der Alte kroch zutage,
Putzte lachend sich den Pelz.

Wilhelm Busch

Fink und Frosch

Auf leichten Schwingen frei und flink
Zum Lindenwipfel flog der Fink
Und sang an dieser hohen Stelle
Sein Morgenlied so glockenhelle.

Ein Frosch, ein dicker, der im Grase
Am Boden hockt, erhob die Nase,
Strich selbstgefällig seinen Bauch
Und denkt: Die Künste kann ich auch.

Alsbald am rauhen Stamm der Linde
Begann er, wenn auch nicht geschwinde,
Doch mit Erfolg, emporzusteigen,
Bis er zuletzt von Zweig zu Zweigen,
Wobei er freilich etwas keucht,
Den höchsten Wipfelpunkt erreicht
Und hier sein allerschönstes Quaken
Ertönen läßt aus vollen Backen.

Der Fink, dem dieser Wettgesang
Nicht recht gefällt, entfloh und schwang
Sich auf das steile Kirchendach.

Wart, rief der Frosch, ich komme nach.
Und richtig ist er fortgeflogen,
Das heißt, nach unten hin im Bogen,
So daß er schnell und ohne Säumen,
Nach mehr als zwanzig Purzelbäumen,
Zur Erde kam mit lautem Quack,
Nicht ohne großes Unbehagen.

Er fiel zum Glück auf seinen Magen,
Den dicken weichen Futtersack,
Sonst hätt er sicher sich verletzt.

Heil ihm! Er hat es durchgesetzt.

Heinrich Seidel

Das Huhn und der Karpfen

Auf einer Meierei
Da war einmal ein braves Huhn,
Das legte, wie die Hühner tun,
An jedem Tag ein Ei
Und kakelte,
Mirakelte,
Spektakelte,
Als ob's ein Wunder sei.
Es war ein Teich dabei,
Darin ein braver Karpfen saß
Und stillvergnügt sein Futter fraß,
Der hörte das Geschrei:
Wie's kakelte,
Mirakelte,
Spektakelte,
Als ob's ein Wunder sei.
Da sprach der Karpfen: »Ei!
Alljährlich leg' ich 'ne Million
Und rühm' mich dess' mit keinem Ton;
Wenn ich um jedes Ei
So kakelte,
Mirakelte,
Spektakelte –
Was gäb's für ein Geschrei!«

Gustav Falke

Zwiegespräch

Guten Morgen, Fräulein Huhn!
Guten Morgen, Herr Hahn!
Was gedenken Sie zu tun?
Das geht Sie nichts an.
Wollen wir nicht etwas promenieren?
Danke, ich kann allein spazieren.
Sie haben wohl heute nicht gut geruht?
Oder macht's Ihnen böses Blut,
Daß Sie noch keinen Regenwurm fanden?
Offen gestanden,
Ich finde, Sie sind sehr aufdringlich, Sie!
Dumme Gans! Kikeriki.

Hans Baumann

Wem der Rathausplatz gehört

Mir könnt ihr das glauben:
Diese frechen Tauben
stehlen, dieben, rauben!
Alles, was die Leute
gestern, morgen, heute
auf dem Rathausplatz verstreun,
um uns Spatzen zu erfreun,
das wird ihre Beute.
Steckt das ganze Taubenpack
doch in einen Riesensack!
Uns gehört der Rathausplatz,
sage ich, ein kleiner Spatz.

Michael Ende

Standpunkte

Die Kaulquappe schwänzelt im Teich herum
und weiß alles besser.
Vor allem die Frösche findet sie dumm,
die Fliegenfresser.

»Wenn ich seh', wie sie hopsen, da kann ich nur lachen.
An Land ist es öde.
Und wenn sie verliebt sind und Quellaugen machen!
Mir wär' das zu blöde.

Das Komischste find' ich, im Chor zu koaxen.
Da bin ich gescheiter.«
»Auch dir«, sprach der Frosch, »werden Beine wachsen,
dann reden wir weiter.«

Barbara Bartos-Höppner

Eulenklage

Warum die Eulen
des Nachts so heulen
im hohlen Baum?
Sie sind sehr einsam,
wärn gern gemeinsam,
sind's nur im Traum.

Warum die Eulen
des Nachts so heulen
hoch auf dem Dach?
Sie sind sehr einsam,
wärn gern gemeinsam,
schrein Weh und Ach.

Warum die Eulen
des Nachts so heulen
im tiefen Wald?
Sie sind sehr einsam,
wärn gern gemeinsam,
finden sich bald.

Warum die Eulen
nun nicht mehr heulen
in dunkler Nacht?
Sind nicht mehr einsam,
haben gemeinsam
Hochzeit gemacht.

James Krüss

Das Arche-Noah-Abc

Als die Arche war gebaut,
hat sich Noah angeschaut,
welche Tiere kamen.
Auf ein langes Zedernbrett
schrieb er dann von A bis Zett
alle ihre Namen:

Affe, Ammer, Alk und Aal,
Adler aus dem Zugspitztal,
Biber, Bär und Boa,
Brillenschlange (welch ein Graus),
Chinalaus, Chinchillamaus,
so notierte Noah.

Dachs und Drossel, schrieb er forsch,
Drache, Dromedar und Dorsch,
Eber, Eule, Erdschwein.
Und danach trug seine Hand
Esel, Elch und Elefant
ebenfalls gelehrt ein.

Fuchs und Fliege, schrieb er froh,
Flunder, Faultier, Frosch und Floh,
Geier und Giraffe,
Gemse, Gans und Goldfasan.
Beim Gorilla schrieb er dann
noch in Klammern: Affe.

Heiter schrieb er weiter: Hund,
Häher, Hirsch und Hase und
Hamster und Hyäne,
Igel (Vorsicht: Stachelhaar!),
Junikäfer, Jaguar
(Vorsicht: spitze Zähne!).

Keck ging's weiter: Känguruh,
Krokodil und Kakadu,
Kuh, Kamel und Katze,
Lama, Lurch und Leguan,
Laubfrosch, Luchs und Löwenmann
(Vorsicht: scharfe Pratze!).

Munter füllte er dann aus:
Marder, Murmeltier und Maus,
Marabu und Meise,
Nashorn, Natter, Nilpferd, Nerz.
(Und beim Nerz schrieb er zum Scherz:
Fell bringt gute Preise.)

Orang-Utan, Ortolan,
Ochs und Otter, schrieb er dann.
Und er schrieb desgleichen:
Panther, Pferd und Pavian,
Perlenhuhn und Pelikan,
Pfau und Papageichen.

Quesal schrieb er bei dem Q.
Und dann kam das R dazu:
Rebhuhn, Reh und Rappe,
Raupe, Rabe, Reiher, Roß,
Reblaus und Rhinozeros,
Rind und Rasseltrappe.

Seht, bald war das Werk getan:
Steinbock, schrieb er, Strauß und Schwan,
Storch und Sumpfblatt-Pieper,
Tiger, Taube und Tapir,
Tempelmaus und Trampeltier,
Uhu, Ur und Viper.

Weiter schrieb er ebenfalls:
Wiedehopf und Wendehals,

Wolf und Weinbergschnecke,
Xiphias (als Schwertfisch-Art),
Yak (als Rind Tibeter Art),
Zebra, Ziege, Zecke.

Ordentlich von A bis Zett
stand nun auf dem Zedernbrett
jedes Tier, ihr Leute.
Reimend hab ich mich gequält
und euch viele aufgezählt.
Nun ist Schluß für heute.

Christian Morgenstern

Das Häslein

Unterm Schirme, tief im Tann,
Hab ich heut gelegen,
Durch die schweren Zweige rann
Reicher Sommerregen.

Plötzlich rauscht das nasse Gras –
Stille! Nicht gemuckt! –
Mir zur Seite duckt
Sich ein junger Has ...

Dummes Häschen,
Bist du blind?
Hat dein Näschen
Keinen Wind?

Doch das Häschen unbewegt,
Nutzt, was ihm beschieden,
Ohren, weit zurückgelegt,
Miene, schlau zufrieden.

Ohne Atem lieg ich fast,
Laß die Mücken sitzen;
Still besieht mein kleiner Gast
Meine Stiefelspitzen ...

Um uns beide – tropf – tropf – tropf –
Traut eintönig Rauschen ...
Auf dem Schirmdach – klopf – klopf – klopf ...
Und wir lauschen ... lauschen ...

Wunderwürzig kommt ein Duft
Durch den Wald geflogen;
Häschen schnubbert in die Luft,
Fühlt sich fortgezogen;

Schiebt gemächlich rückwärts, macht
Männchen aller Ecken ...
Herzlich hab ich aufgelacht. –
Ei der wilde Schrecken!

Theodor Storm

Von Katzen

Vergangnen Maitag brachte meine Katze
Zur Welt sechs allerliebste kleine Kätzchen,
Maikätzchen, alle weiß mit schwarzen Schwänzchen.
Fürwahr, es war ein zierlich Wochenbettchen!
Die Köchin aber – Köchinnen sind grausam,
Und Menschlichkeit wächst nicht in einer Küche –
Die wollte von den Sechsen fünf ertränken,
Fünf weiße, schwarzgeschwänzte Maienkätzchen
Ermorden wollte dies verruchte Weib.
Ich half ihr heim! – der Himmel segne
Mir meine Menschlichkeit! Die lieben Kätzchen,
Sie wuchsen auf und schritten binnen kurzem
Erhobnen Schwanzes über Hof und Herd;
Ja, wie die Köchin auch ingrimmig drein sah,
Sie wuchsen auf, und nachts vor ihrem Fenster
Probierten sie die allerliebsten Stimmchen.
Ich aber, wie ich sie so wachsen sehe,
Ich pries mich selbst und meine Menschlichkeit. –
Ein Jahr ist um, und Katzen sind die Kätzchen,
Und Maitag ist's! – Wie soll ich es beschreiben,
Das Schauspiel, das sich jetzt vor mir entfaltet!
Mein ganzes Haus vom Keller bis zum Giebel,
Ein jeder Winkel ist ein Wochenbettchen!

Hier liegt das eine, dort das andre Kätzchen,
In Schränken, Körben, unter Tisch und Treppen,
Die Alte gar – nein, es ist unaussprechlich,
Liegt in der Köchin jungfräulichem Bette!
Und jede, jede von den sieben Katzen
Hat sieben, denkt Euch! sieben junge Kätzchen,
Maikätzchen, alle weiß mit schwarzen Schwänzchen!
Die Köchin rast, ich kann der blinden Wut
Nicht Schranken setzen dieses Frauenzimmers.
Ersäufen will sie alle neunundvierzig!
Mir selber! ach, mir läuft der Kopf davon –
O Menschlichkeit, wie soll ich dich bewahren!
Was fang ich an mit sechsundfünfzig Katzen! –

Friedrich Adolf Krummacher

Der Affe und das Eichhorn

Ein feister Affe sah in träger Ruh
Von einem Erker eines Eichhorns Sprüngen
Auf einer nahen Eiche zu.
»Wie müßt' es dir«, so hub er staunend an,
»Bei dieser deiner Kunst gelingen,
Zum höchsten Glück dich schnell empor zu schwingen.
Wenn du nur wolltest! – Drum verlaß die kühne Bahn,
Und schone deine schlanken Glieder,
Eh' dich ein Unglück trifft. – Komm, Bruder, komm hernieder!

Ich speise von des Herren Tische
Tagtäglich Braten, Wildbret, Fische
Und tausend andre schöne Gaben.
Die sollst auch du, mein Lieber, haben.«

»Ei!« sprach das Eichhorn, »sage mir
Zuvor: womit verdienst du dir
Das seltne Glück? Mußt du des Herren Sachen
Vor Dieben bei der Nacht bewachen?«

»Bewachen?« sagte Petz. »Nein, schönen Dank!
Vom Wachen wird man müd' und krank.«

»Vielleicht«, fuhr jenes fort zu fragen,
»Mußt du des Herrn Gepäcke tragen?«

»Gar tragen!« sprach der Grinser. »Nein!
Sein Lasttier mag ein andrer sein!
Ich hab' es besser! Possen machen,
Verlacht von andern selber lachen,
Das ist die Kunst, die mich ernährt
Und ohne Mühe sich von selber lehrt.

Freund, nichts soll deinem Glücke fehlen;
Komm nur herab! Wie kannst du lange wählen?«

Das Eichhorn sprach: »Ich wähle nicht;
Mich jammert dein, du armer Wicht!«

August Heinrich Hoffmann von Fallersleben

Wer ist schuld daran?

Als unser Mops ein Möpschen war, da konnt er freundlich sein,
Jetzt brummt er alle Tage und bellt noch obendrein,
Heidu, heidu, heidallala, und bellt noch obendrein;
Jetzt brummt er alle Tage und bellt noch obendrein.

»Du bist ein recht verzogen Tier! Sonst nahmst du, was ich bot;
Jetzt willst du Leckerbissen und magst kein trocken Brot«;
Heidu, heidu, heidallala, und bellt noch obendrein;
Jetzt brummt er alle Tage und bellt noch obendrein.

Zum Knaben sprach der Mops darauf: »Wie töricht sprichst du doch!
Hättst du mich recht erzogen, wär' ich ein Möpschen noch«,
Heidu, heidu, heidallala, und bellt noch obendrein;
Jetzt brummt er alle Tage und bellt noch obendrein.

Gottlieb Conrad Pfeffel

Das Johanniswürmchen

Ein Johanniswürmchen saß,
Seines Demantscheins
Unbewußt, im weichen Gras
Eines Eichenhains.

Leise schlich aus faulem Moos
Sich ein Ungetüm,
Eine Kröte, her und schoß
All' ihr Gift nach ihm.

»Ach! Was hab' ich dir getan?«
Rief der Wurm ihr zu.
»Ei!« fuhr ihn das Untier an,
»Warum glänzest du?«

Magnus Gottfried Lichtwer

Der Affe und die Uhr

Ein Herr, genötigt auszugehen,
Vergaß aus großer Eil die Sackuhr an der Wand,
Wo sie sein zahmer Affe fand,
Und tat, was er gar oft von seinem Herrn gesehen.
Er machte sie mit einer Binde
Sich um den Leib, und gleich darauf
Sah er darnach, und sprach: »Die Uhr geht zu geschwinde!«
Er zog sie gleich von neuem auf;
Er öffnete das Glas, und stellte sie zurücke;
Doch in dem andern Augenblicke
Zog er sie wieder vor. »Seht«, spricht das kluge Tier,
»Sie will nunmehr zu langsam gehen;
Das wäre schön! Wie helf' ich ihr?« –
Er rückt am kleinen Zifferblättchen,
Hält sie dann altklug an das Ohr:
»Der ganze Schlag ist falsch!« – Er nimmt sie nochmals vor,
Und künstelt unten an dem Kettchen,
Stößt in die Räderchen, und rüttelt, rückt und dreht,
Bis gar das Uhrchen stille steht.

Es ging ihm, wie es jedem geht,
Der etwas meistern will, wovon er nichts versteht.

Friedrich Wilhelm Güll

Häslein

Unterm Tannenbaum im Gras
Gravitätisch sitzt der Has,
Wichst den Bart und spitzt das Ohr,
Duckt sich nieder, guckt hervor,
Zupft
Und leckt sich,
Rupft
Und reckt sich,
Endlich macht er einen Sprung;
Hei, was bin ich für ein Jung',
Schneller noch als Hirsch und Reh
Spring' ich auf und ab die Höh',
Wer ist's, der mich fangen kann?
Tausend Hund' und hundert Mann,
Gleich will ich's mit ihnen wagen,
Soll mich keiner doch erjagen.
Und der Graf auf seinem Schloß
Hat im ganzen Stall kein Roß
Und auch keinen Reitersknecht,
Der mir nachgaloppen möcht'.
»Häslein, nimm dich doch in acht,
Hund und Jäger schleichen sacht!
Eh' du's denkst, da zuckt es rot
Und die Kugel schießt dich tot.«
Aber 's Häslein hat sich jetzt
Wie ein Männlein hingesetzt,
Schaut nicht auf und schaut nicht um. –
»Bst, wer kommt so still und stumm
Dort durch Busch und Dorn und Korn
Mit dem Stutz' und Pulverhorn?
Hu! Der Jäger ist es schon!
Häslein, Häslein, spring davon,
's ist zu spät, es blitzt und pufft,

Und der Rauch steigt in die Luft,
Und das Häslein liegt, o weh!
Totgeschossen in dem Klee.«

Albrecht von Haller

Der Fuchs und die Trauben

Ein Fuchs, der auf die Beute ging,
Traf einen Weinstock an, der, voll von falben Trauben,
Um einen hohen Ulmbaum hing,
Sie schienen gut genug, die Kunst war abzuklauben.
Er schlich sich hin und her, den Zugang auszuspähn;
Umsonst, es war zu hoch, kein Sprung war abzusehn.
Der Schalk dacht in sich selbst: ich muß mich nicht beschämen,
Er sprach, und macht dabei ein hämisches Gesicht,
Was soll ich mir viel Mühe nehmen,
Sie sind ja saur und taugen nicht.

So gehts der Wissenschaft. Verachtung geht für Müh,
Wer sie nicht hat, der tadelt sie.

Vom Kommen und Gehen

Matthias Claudius

Das Kind, als der Storch ein neues bringen sollte, für sich allein

Der Storch bringt nun ein Brüderlein –
Er kommt damit ins Fenster herein
Und beißt Mama ein Loch ins Bein,
Das ist so seine Art. – – –

Mama liegt wohl und fürchtet sich …
O lieber Storch, ich bitte dich,
Beiß doch Mama nicht hart. –
– – – –
– – –

He he, da kommt Papa herein,
Nun wird er wohl gekommen sein! –
Aber du weinest ja!
Hat er dich auch gebissen, Papa?

Andreas Gryphius

Auf die Geburt seines ältesten Sohnes

Willkommen süßes Kind! der Mutter höchste Lust!
Doch die sich schier mit beider Tod erkäuft.
Willkommen Kind! das, weil die Nacht umläuft,
Mit neuer Freud erquickt des Vaters trübe Brust.
Wie? gleich um Mitternacht? Ist dir denn nicht bewußt,
Was Mitternacht, in der nur Furcht sich häuft
Und Wahn in Angst und Angst in Weh sich träuft?
Wie? daß du denn gleich itzt das Leben grüßen mußt?
Dies ist der Engel Fest, die oft bei Nacht erschienen,
Die führen dich ins Licht, mit diesen sollst du dienen
Dem, welcher dich aus Nacht hat in den Tag gebracht.
Die Engel kommen mit! O daß sie dich begleiten!
O daß sie durch die Welt, durch die gesetzten Zeiten
Dich führen, wo ihr Heer um deinen Schöpfer wacht!

Joseph von Eichendorff

Das kranke Kind

Die Gegend lag so helle,
Die Sonne schien so warm,
Es sonnt sich auf der Schwelle
Ein Kindlein krank und arm.

Geputzt zum Sonntag heute
Ziehn sie das Tal entlang,
Das Kind grüßt alle Leute,
Doch niemand sagt ihm Dank.

Viel Kinder jauchzen ferne,
So schön ists auf der Welt!
Ging' auch spazieren gerne,
Doch müde stürzts im Feld.

»Ach, Vater, liebe Mutter,
Helft mir in meiner Not! –«
Du armes Kind! die ruhen
Ja unterm Grase tot.

Und so im Gras alleine
Das kranke Kindlein blieb,
Frug keiner, was es weine,
Hat jedes seins nur lieb.

Die Abendglocken klangen
Schon durch die stille Welt,
Die Engel Gottes sangen
Und gingen übers Feld.

Und als die Nacht gekommen
Und alles das Kind verließ,
Sie habens mitgenommen,
Nun spielts im Paradies.

Adelbert von Chamisso

Der Klapperstorch

1

Was klappert im Hause so laut? horch, horch!
Ich glaub', ich glaube, das ist der Storch.

Das war der Storch. Seid, Kinder, nur still
Und hört, was gern ich erzählen euch will.

Er hat euch gebracht ein Brüderlein
Und hat gebissen Mutter ins Bein.

Sie liegt nun krank, doch freudig dabei,
Sie meint, der Schmerz zu ertragen sei.

Das Brüderlein hat euer gedacht,
Und Zuckerwerk die Menge gebracht:

Doch nur von den süßen Sachen erhält,
Wer artig ist und still sich verhält.

2

Und als das Kind geboren war,
Sie mußten der Mutter es zeigen;
Da ward ihr Auge voll Tränen so klar,
Es strahlte so wonnig, so eigen.

Gern litt ich und werde, mein süßes Licht,
Viel Schmerzen um dich noch erleben.
Ach! lebt von Schmerzen die Liebe nicht,
Und nicht von Liebe das Leben!

3

Der Vater kam, der Vater frug nach seinem Jungen,
Und weil der Knabe so geweint,
So hat ihm auch der Alte gleich ein Lied gesungen,
Wie er's im Herzen treu gemeint.

Als so ich schrie, wie du nun schreist, die Zeiten waren
Nicht so, wie sie geworden sind,
Geduld, Geduld! und kommst du erst zu meinen Jahren,
So wird es wieder anders, Kind!

Da legten sie, mit gläub'gem Sinn, zu mir dem Knaben
Des Vaters Wappenschild und Schwert;
Mein Erbe war's, und hatte noch, und sollte haben
Auf alle Zeiten guten Wert.

Ich bin ergraut, die alte Zeit ist abgelaufen,
Mein Erb' ist worden eitel Rauch.
Ich mußte, was ich hab' und bin, mir selbst erkaufen,
Und du, mein Sohn, das wirst du auch.

Friedrich Rückert

Ich hatte dich lieb . . .

Ich hatte dich lieb, mein Töchterlein!
Und nun ich dich habe begraben,
Mach' ich mir Vorwürf', ich hätte fein
Noch lieber dich können haben.

Ich hab dich lieber, viel lieber gehabt,
Als ich dir's mochte zeigen;
Zu selten mit Liebeszeichen begabt
Hat dich mein ernstes Schweigen.

Ich habe dich lieb gehabt, so lieb,
Auch wenn ich dich streng gescholten;
Was ich von Liebe dir schuldig blieb,
Sei zwiefach dir jetzt vergolten!

Zu oft verbarg sich hinter der Zucht
Die Vaterlieb' im Gemüte;
Ich hatte schon im Auge die Frucht,
Anstatt mich zu freu'n an der Blüte.

O hätt' ich gewußt, wie bald der Wind
Die Blüt' entblättern sollte!
Tun hätt' ich sollen meinem Kind,
Was alles sein Herzchen wollte.

Da solltest du, was ich wollte, tun,
Und tatst es auf meine Winke,
Du trankst das Bittre, wie reut mich's nun,
Weil ich dir sagte: trinke!

Dein Mund, geschlossen von Todeskrampf,
Hat meinem Gebot sich erschlossen;
Ach! nur zu verlängern den Todeskampf,
Hat man dir's eingegossen.

Du aber hast, vom Tod umstrickt,
Noch deinem Vater geschmeichelt,
Mit brechenden Augen ihn angeblickt,
Mit sterbenden Händchen gestreichelt.

Was hat mir gesagt die streichelnde Hand,
Da schon die Rede dir fehlte?
Daß du verziehest den Unverstand,
Der dich gutmeinend quälte.

Nun bitt' ich dir ab jedes harte Wort,
Die Worte die dich bedräuten,
Du wirst sie haben vergessen dort
Oder weißt sie zu deuten.

Annette von Droste-Hülshoff

Der Knabe im Moor

O schaurig ists, übers Moor zu gehn,
Wenn es wimmelt vom Heiderauche,
Sich wie Phantome die Dünste drehn
Und die Ranke häkelt am Strauche,
Unter jedem Tritte ein Quellchen springt,
Wenn aus der Spalte es zischt und singt,
O schaurig ists, übers Moor zu gehn,
Wenn das Röhricht knistert im Hauche!

Fest hält die Fibel das zitternde Kind
Und rennt, als ob man es jage;
Hohl über die Fläche sauset der Wind –
Was raschelt drüben am Hage?
Das ist der gespenstische Gräberknecht,
Der dem Meister die besten Torfe verzecht;
Hu, hu, es bricht wie ein irres Rind!
Hinducket das Knäblein zage.

Vom Ufer starret Gestumpf hervor,
Unheimlich nicket die Föhre,
Der Knabe rennt, gespannt das Ohr,
Durch Riesenhalme wie Speere;
Und wie es rieselt und knittert darin!
Das ist die unselige Spinnerin,
Das ist die gebannte Spinnlenor',
Die den Haspel dreht im Geröhre!

Voran, voran! nur immer im Lauf,
Voran, als woll' es ihn holen!
Vor seinem Fuße brodelt es auf,
Es pfeift ihm unter den Sohlen
Wie eine gespenstige Melodei;
Das ist der Geigemann ungetreu,

Das ist der diebische Fiedler Knauf,
Der den Hochzeitheller gestohlen!

Da birst das Moor, ein Seufzer geht
Hervor aus der klaffenden Höhle;
Weh, weh, da ruft die verdammte Margret:
»Ho, ho, meine arme Seele!«
Der Knabe springt wie ein wundes Reh;
Wär nicht Schutzengel in seiner Näh,
Seine bleichenden Knöchelchen fände spät
Ein Gräber im Moorgeschwele.

Da mählich gründet der Boden sich,
Und drüben, neben der Weide,
Die Lampe flimmert so heimatlich,
Der Knabe steht an der Scheide.
Tief atmet er auf, zum Moor zurück
Noch immer wirft er den scheuen Blick:
Ja, im Geröhre wars fürchterlich,
O schaurig wars in der Heide!

Heinrich Seidel

Die Kinder im Schnee

Ein Winterabend still und kalt. –
Drei Kinder wandern durch den Wald.

Sie gingen schon oft den Weg allein –
Heut flimmert der Mond mit irrem Schein.

Der Pfad, der sonst so kurz nach Haus, –
Heut mündet er nimmer zum Wald hinaus.

Die kleinen Beinchen schreiten voran.
Da ragt empor der finstre Tann.

Sie laufen zurück und hin und her –
Sie finden im Schnee den Weg nicht mehr.

Es weinen die Kleinsten, wohl irrten sie weit.
Kalt ist die Nacht und Schlafenszeit!

Sieh dort, unter Wurzeln ein trocknes Hohl,
Da bettet das Schwesterchen beide wohl.

Trägt Moos und Laub zu ihrer Ruh
Und deckt mit dem eignen Tüchlein sie zu.

Die Nacht ist kalt, vom Mond erhellt, –
Es funkeln die Sterne am Himmelszelt.

Man hat sie gesucht mit Rufen und Schrein,
Man hat sie gefunden bei'm Morgenschein.

Die beiden Kleinen, sie schlafen fest,
Aneinandergeschmiegt im warmen Nest.

Den Arm gerafft voll Laub und Moos,
So fand man die andre bewegungslos.

So lag sie im Schnee – die Wangen rot,
Die hatte geküßt der eisige Tod.

Hermann Hesse

Kleiner Knabe

Hat man mich gestraft,
Halt ich meinen Mund,
Weine mich in Schlaf,
Wache auf gesund.

Hat man mich gestraft,
Heißt man mich den Kleinen,
Will ich nicht mehr weinen,
Lache mich in Schlaf.

Große Leute sterben,
Onkel, Großpapa,
Aber ich, ich bleibe
Immer, immer da.

Herman R. Beck

Schwierigkeiten mit dem 5. Gebot

Der Herr Pastor hat mir gesagt:
Mein Sohn, du sollst nicht töten!
... ich hielt mich dran,
ich hielt mich dran,
ich hielt mich brav ans Beten.

Der Krieg brach aus, hat er gesagt:
Mein Sohn, du mußt jetzt töten!
... ich hielt mich dran,
ich hielt mich dran,
vergaß dabei das Beten.

Der Krieg war aus, da sagte er:
Mein Sohn, du sollst nicht töten!
... ich halt mich dran,
ich halt mich dran,
doch kann ich nicht mehr beten.

Du lieber Gott, kreid mirs nicht an,
kreid an es deinen Machern,
die heute so und morgen so
dein gutes Wort verschachern.

Günter Grass

Märchen

Weil der Wald
an den Menschen stirbt,
fliehen die Märchen,
weiß die Spindel nicht,
wen sie stechen soll,
wissen des Mädchens Hände,
die der Vater ihm abgehackt,
keinen einzigen Baum zu fassen,
bleibt der dritte Wunsch ungesagt.

Nichts gehört mehr dem König Drosselbart.
Es können die Kinder sich nicht mehr verlaufen.
Keine Zahl Sieben bedeutet mehr als sieben genau.

Weil an den Menschen der Wald starb,
gehen die Märchen zufuß in die Städte
und böse aus.

Bertolt Brecht

Kinderkreuzzug

In Polen, im Jahr Neununddreißig
War eine blutige Schlacht
Die hatte viele Städte und Dörfer
Zu einer Wildnis gemacht.

Die Schwester verlor den Bruder
Die Frau den Mann im Heer;
Zwischen Feuer und Trümmerstätte
Fand das Kind die Eltern nicht mehr.

Aus Polen ist nichts mehr gekommen
Nicht Brief noch Zeitungsbericht,
Doch in den östlichen Ländern
Läuft eine seltsame Geschicht.

Schnee fiel, als man sichs erzählte
In einer östlichen Stadt
Von einem Kinderkreuzzug
Der in Polen begonnen hat.

Da trippelten Kinder hungernd
In Trüpplein hinab die Chausseen
Und nahmen mit sich andere, die
In zerschossenen Dörfern stehn.

Sie wollten entrinnen den Schlachten
Dem ganzen Nachtmahr
Und eines Tages kommen
In ein Land, wo Frieden war.

Da war ihr kleiner Führer
Das hat sie aufgericht'.
Er hatte eine große Sorge:
Den Weg, den wußt er nicht.

Eine Elfjährige schleppte
Ein Kind von vier Jahr
Hatte alles für eine Mutter
Nur nicht ein Land, wo Frieden war.

Ein kleiner Jude marschierte im Trupp
Mit einem samtenen Kragen
Der war das weißeste Brot gewohnt
Und hat sich gut geschlagen.

Und ging ein dünner Grauer mit
Hielt sich abseits in der Landschaft.
Er trug an einer schrecklichen Schuld:
Er kam aus der Nazigesandtschaft.

Und da war ein Hund
Gefangen zum Schlachten
Mitgenommen als Esser
Weil sie's nicht übers Herz brachten.

Da war eine Schule
Und ein kleiner Lehrer für Kalligraphie.
Und ein Schüler an einer zerschossenen Tankwand
Lernte schreiben bis zu Frie . . .

Da war auch eine Liebe.
Sie war zwölf, er war fünfzehn Jahr.
In einem zerschossenen Hofe
Kämmte sie ihm sein Haar.

Die Liebe konnte nicht bestehen
Es kam zu große Kält:
Wie sollen die Bäumchen blühen
Wenn so viel Schnee drauf fällt?

Da war auch ein Begräbnis
Eines Jungen mit samtenem Kragen

Der wurde von zwei Deutschen
Und zwei Polen zu Grab getragen.

Protestant, Katholik und Nazi war da
Ihn der Erde einzuhändigen.
Und zum Schluß sprach ein kleiner Kommunist
Von der Zukunft der Lebendigen.

So gab es Glaube und Hoffnung
Nur nicht Fleisch und Brot.
Und keiner schelt sie mir, wenn sie was stahln
Der ihnen nicht Obdach bot.

Und keiner schelt mir den armen Mann
Der sie nicht zu Tische lud:
Für ein halbes Hundert, da braucht es
Mehl, nicht Opfermut.

Sie zogen vornehmlich nach Süden:
Süden ist, wo die Sonn
Mittags um zwölf steht
Gradaus davon.

Sie fanden zwar einen Soldaten
Verwundet im Tannengries.
Sie pflegten ihn sieben Tage
Damit er den Weg ihnen wies.

Er sagte ihnen: Nach Bilgoray!
Muß stark gefiebert haben
Und starb ihnen weg am achten Tag.
Sie haben auch ihn begraben.

Und da gab es ja Wegweiser
Wenn auch vom Schnee verweht.
Nur zeigten sie nicht mehr die Richtung an
Sondern waren umgedreht.

Das war nicht etwa ein schlechter Spaß
Sondern aus militärischen Gründen.
Und als sie suchten nach Bilgoray
Konnten sie es nicht finden.

Sie standen um ihren Führer,
Der sah in die Schneeluft hinein
Und deutete mit der kleinen Hand
Und sagte: es muß dort sein.

Einmal, nachts, sahen sie ein Feuer
Da gingen sie nicht hin.
Einmal rollten drei Tanks vorbei
Da waren Menschen drin.

Einmal kamen sie an eine Stadt
Da machten sie einen Bogen.
Bis sie daran vorüber waren
Sind sie nur nachts weitergezogen.

Wo einst das südöstliche Polen war
Bei starkem Schneewehen
Hat man die fünfundfünfzig
Zuletzt gesehen.

Wenn ich die Augen schließe
Seh ich sie wandern
Von einem zerschossenen Bauerngehöft
Zu einem zerschossenen andern.

Über ihnen, in den Wolken oben
Seh ich andre Züge, neue, große!
Mühsam wandernd gegen kalte Winde
Heimatlose, Richtungslose.

Suchend nach dem Land mit Frieden
Ohne Donner, ohne Feuer

Nicht wie das, aus dem sie kamen
Und der Zug wird ungeheuer.

Und er scheint mir durch den Dämmer
Bald schon gar nicht mehr derselbe:
Andere Gesichtlein seh ich:
Spanische, französische, gelbe!

In Polen, in jenem Januar
Wurde ein Hund gefangen
Der hatte um seinen mageren Hals
Eine Tafel aus Pappe hangen.

Darauf stand: Bitte um Hilfe!
Wir wissen den Weg nicht mehr.
Wir sind fünfundfünfzig
Der Hund führt euch her.

Wenn ihr nicht kommen könnt
Jagt ihn weg.
Schießt nicht auf ihn
Nur er weiß den Fleck.

Die Schrift war eine Kinderhand.
Bauern haben sie gelesen.
Seitdem sind eineinhalb Jahre um.
Der Hund ist verhungert gewesen.

Robert Walser

Mäuschen

Neulich, als ich mitten auf dem
Weg ein totes Mäuschen sah,
blieb ich steh'n und sagte: Wie nun?
Weshalb liegst du hier so still?
Mußtest du's so eilig haben?
Kaum ins Leben eingegangen,
fliehst du schon daraus hinweg.
Nun, so laß mich mind'stens deinen
lust'gen Lebenspfad betrachten:
Worte sind bei deiner Ankunft
sicher nicht verschwendet worden,
Taufe war wohl überflüssig.
In die Schule gingst du nie,
deinetwegen hatten Lehrer
schwerlich je sich abzuplagen.
Wußtest gleich vom ersten Tag an
dich ins Leben einzufinden.
Was Erziehung, höh're Bildung,
Wissen, Kenntnis anbelangt,
durft'st du alles dies entbehren.
Unterricht im Pianospielen,
Tanz- und Turn- und sonst'ge Stunden
Wirst du nie genommen haben.
Anmut und Behendigkeit
und ein ganz natürl'cher Anstand
waren dir schon angeboren.
Schuhe, Strümpfe, Hut und Handschuh'
sind dir unbekannt geblieben.
Anzug trugst du stets denselben.
Hatt'st du Brüderchen und Schwestern,
Onkel, Tante, Bas' und Vettern?
Warst du etwa gar vermählt?
Das sind Fragen, die wir schließlich,

weil sie allzu kompliziert sind,
lieber nicht erled'gen wollen.
Freilich du, mein liebes Mäuschen,
brauchtest dich um nichts zu kümmern.
Unserein ist voll Bedenken;
redet sich weiß Gott was ein,
macht den Aufenthalt auf Erden
sich so sauer wie nur möglich;
quält sich ab und reibt sich auf,
kommt vor lauter delikaten
Sorgen oft schier aus dem Häuschen.
Du warst über bloßes Dasein
offenbar schon riesig froh,
machtest kaum dir je Gedanken,
die ja in den allermeisten
Fällen höchstens hemmend wirken.
Sicher irr' ich mich nicht sehr,
wenn ich denke, daß mit Vorlieb'
du durch enge Löcher schlüpftest.
Ein geringes Quantum Laub
war die Welt, in der du lebtest,
gerne krochst du unter Steine.
Was uns Menschen Gräser scheinen,
war für dich schon ziemlich groß.
Bäume, wie zum Beispiel Eichen,
schienen dir wohl ungeheuer,
falls du solche Dick' und Größe
jemals überblicken konntest.
Schon ein Hase kam dir sicher
äußerst respektabel vor.
Doch vor Katzen fürcht'st du dich
ganz besonders, derart, daß du
Schwierigkeiten nie vermißtest.
Deine Stimme war dem Pfeifen
und dein Gang dem Huschen ähnlich.
Sprechen konnt'st du weder deutsch
noch französisch oder englisch,

hingest an der Mäusesprache,
dir genügt', mit deinesgleichen
dich verständigen zu können.
Nennenswertes Lebenswerk
ist dir keineswegs gelungen;
Reisen ließest hübsch du bleiben.
Darum lagst du doch nicht minder
in den güt'gen Händen uns'res
Vaters oben in den Wolken,
die so gut ob dir, wie über
allen andern Wesen schwebten.
So leb' wohl. – Nachdem ich alles
dies gesprochen, ging ich weiter.

Jürgen Spohn

Kindergedicht

Honig, Milch
und Knäckebrot –
manche Kinder
sind in Not

Zucker, Ei
und Früchtequark –
macht nur manche
Kinder stark

Götterspeise
Leibgericht –
kennen
manche Kinder nicht

Wurst und Käse
Vollkornbrot –
manche Kinder
sind schon tot

Freud und Leid

Matthias Claudius

Motetto
als der erste Zahn durch war

Viktoria! Viktoria!
Der kleine weiße Zahn ist da.
Du Mutter! komm, und groß und klein
Im Hause! kommt, und guckt hinein,
Und seht den hellen, weißen Schein.

Der Zahn soll Alexander heißen!
Du liebes Kind! Gott halt ihn dir gesund
Und geb dir Zähne mehr in deinen kleinen Mund
Und immer was dafür zu beißen!

Friedrich Hebbel

Aus der Kindheit

»Ja, das Kätzchen hat gestohlen,
  Und das Kätzchen wird ertränkt.
Nachbars Peter sollst du holen,
  Daß er es im Teich versenkt!«

Nachbars Peter hats vernommen,
  Ungerufen kommt er schon;
»Ist die Diebin zu bekommen,
  Gebe ich ihr gern den Lohn!«

»Mutter, nein, er will sie quälen,
  Gestern warf er schon nach ihr,
Bleibt nichts andres mehr zu wählen,
  So ertränk ich selbst das Tier.

Sieh, das Kätzchen kommt gesprungen,
  Wie es glänzt im Morgenstrahl!«
Lustig hüpfts dem kleinen Jungen
  Auf den Arm zu seiner Qual.

»Mutter, laß das Kätzchen leben,
  Jedes Mal, wenns dich bestiehlt,
Sollst du mir kein Frühstück geben,
  Sieh nur, wie es artig spielt!«

»Nein, der Vater hats geboten,
  Hundert Mal ist ihr verziehn!«
»Hat sie doch vier weiße Pfoten!«
  »Einerlei! Ihr Tag erschien!«

»Nachbarin, ich folg ihm leise,
  Ob er es auch wirklich tut!«
Peter spricht es hämscher Weise,
  Und der Knabe hörts mit Wut.

Unterwegs auf manchem Platze
Bietet er sein Liebchen aus,
Aber keiner will die Katze,
Jeder hat sie längst im Haus.

Ach, da ist er schon am Teiche,
Und sein Blick, sein scheuer, schweift,
Ob ihn Peter noch umschleiche –
Ja, er steht von fern und pfeift.

»Nun, wir alle müssen sterben,
Großmama ging dir vorauf,
Und du wirst den Himmel erben,
Kratze nur, sie macht dir auf!«

Jetzt, um sie recht tief zu betten,
Wirft er sie mit aller Macht,
Doch zugleich, um sie zu retten,
Springt er nach, als ers vollbracht.

Eilte Peter nicht, der lange,
Gleich im Augenblick herzu,
Fände er, es ist mir bange,
Hier im Teich die ewge Ruh.

In das Haus zurückgetragen,
Hört er auf die Mutter nicht,
Schweigt auf alle ihre Fragen,
Schließt die Augen trotzig dicht.

Von dem Zucker, den sie brachte,
Nimmt er zwar zerstreut ein Stück
Doch den Tee, den sie ihm machte,
Weist er ungestüm zurück.

Welch ein Ton! Er dreht sich stutzend,
Und auf einer Fensterbank,

Spinnend und sich emsig putzend,
   Sitzt sein Kätzchen blink und blank.

»Lebt sie, Mutter?« – »Dem Verderben
   Warst du näher, Kind, als sie!« –
»Und sie soll auch nicht mehr sterben?«
   »Trinke nur, so soll sies nie!«

Richard und Paula Dehmel

Die Schaukel

Auf meiner Schaukel in die Höh,
was kann es Schöneres geben!
So hoch, so weit! Die ganze Chaussee
und alle Häuser schweben.

Weit über die Gärten hoch, juchhee,
ich lasse mich fliegen, fliegen;
und alles sieht man, Wald und See,
ganz anders stehn und liegen.

Hoch in die Höh! Wo ist mein Zeh?
Im Himmel! ich glaube, ich falle!
Das tut so tief, so süß dann weh,
und die Bäume verbeugen sich alle.

Und immer wieder in die Höh,
und der Himmel kommt immer näher;
und immer süßer tut es weh –
der Himmel wird immer höher.

Michael Ende

Der Schnurps ist beleidigt

Ich kann ja auch gehn!
Ich lauf' aus dem Haus!
Ihr werdet's schon sehn!
Dann weint ihr euch alle die Augen aus!

Ich tu's ganz bestimmt!
Ich bin nie wieder gut!
Wie sich »Keiner benimmt«
ist mir gleich, weil ich hab' eine richtige Wut!

Ich lauf' ganz weit fort!
Nach Amerika!
Und suche mir dort
eine neue Mama, einen neuen Papa!
Dann mach' ich mein Glück!
Und euch mag ich nicht mehr!
Ich komm' nie mehr zurück!
Außer höchstens, ihr bittet mich wirklich sehr!

Gertrud Kolmar

Die kleinen Kinder

Die kleinen Kinder wissen nichts,
Eh ihre Flügel sterben;
Sie freuen sich des Weltgesichts,
An dem sie doch verderben.
Noch sind sie Englein, rein und nackt,
Die üben hüpfend Tanz und Takt,
Daß sich die Wangen färben.

Und wo sie greifen, blüht der Grund,
Und ihres Plauderns Quelle
Springt immer frisch vom süßen Mund
Mit kleiner blauer Welle.
Der bunte Falter küßt ihr Haar
Und streift das liebe Augenpaar
Mit samtner Schwingen Helle.

Ein Vöglein irrt im Zauberkreis,
Das kann ihn nicht verlassen,
Und heben sie die Hände leis,
So müssen sie es fassen,
So herrlich golden, grün und rot:
Es pickt von ihrem Weizenbrot,
Es nippt aus ihren Tassen.

Und was die kleine Kehle schwellt,
Das sinkt als Aussaat nieder,
Und wo ein Blumensame fällt,
Da sprießen neue Lieder.
Da grüßt der Turm, da wogt der Wald,
Da wächst ein buntes Märchen bald
Und duftet mit dem Flieder.

Vergeßt ihn nicht, den Vogelschlag
In eures Herzens Pochen!
Ein Blick wird Stund, und Stund wird Tag,
Und Tage werden Wochen.
Die große Sanduhr rinnt und rinnt,
Und wenn das Leben ihr gewinnt,
Hälts, was der Traum versprochen?

O ja, es hält, es hält viel mehr;
Ihr müßt euch nur besinnen,
Dann wehts in einer Mainacht her
Und atmet singend drinnen:
Ein Feuerfink, ein Quellengeist,
Der Wolken tränkt, der Wiesen speist
Mit eurer Tränen Rinnen …

Max Bolliger

Was mir gefällt

Mit Vater Kuchen backen,
mit Mutter Rätsel knacken,
auf dem Karussell fahren,
ein Geheimnis bewahren,
Muscheln und Steine zählen,
die Farben wählen,
beim Spiel verweilen,
Kummer und Freude teilen,
Unsinn treiben
und Geschichten schreiben.

Hans Adolf Halbey

Trotzdem

Wenn die Mama morgens schreit:
Aufstehn, Kinder, höchste Zeit! –
sagt ein richtig braves Kind:
Die spinnt!

Zähneputzen, frische Socken
und zum Frühstück Haferflocken,
Vaters Sprüche: Das macht stark! –
alles Quark!

Wer am Morgen ohne Schimpfen,
Fluchen, Stinken, Naserümpfen
etwa brav zur Schule geht –
der ist blöd.

Lärmen, prügeln, Türen knallen,
allen auf die Nerven fallen,
grunzen, quieken wie ein Schwein –
das ist fein!

Rülpsen, Spucken, Nasebohren,
Nägel kauen, schwarze Ohren,
schlimme Worte jede Masse –
Klasse!

Und wenn Papa abends droht:
Schluß mit Fernsehn, Abendbrot! –
schreit doch jedes Kind im Haus:
Raus!
Trotzdem:
Kinder, schützt eure Eltern!

Ilona Bodden

Das große Schimpfgedicht

Ach, wie bin ich heute wütend,
böse bin ich, wild und toll,
schimpfen will ich, daß die Türe
und die Decke wackeln soll.
Schafskopf, Ochse, Esel, Schwein,
Rindvieh, Trottel, Knickebein!

Morgens ließ mich in der Klasse
unser Lehrer nicht in Ruh –
oh, wie ich das Rechnen hasse
und das Schreiben noch dazu.
Sabbelheini, Hundedreck,
Vogelscheuche, Kinderschreck!

Ich verlor die neue Mütze,
ich verstauchte mir das Bein,
und mein Ball flog in die Pfütze,
pfui, das finde ich gemein!
Blödmann, Prahlhans, Riesengroß,
Tollpatsch, Trampel, Trauerkloß!

Gleich darauf beim Mittagessen
(wieder bloß Spinat mit Ei),
»Händewaschen nicht vergessen!«
gab's ein großes Zorngeschrei.
Suppenkaspar, Dämelack,
langer Lulatsch, Affen-Frack!

Max Bolliger

Was mir Angst macht

Wenn es auf dem Boden knistert und knarrt,
wenn etwas leise hinter der Holzbeige scharrt,
wenn der Himmel schwarz und dunkel ist,
wenn es donnert und blitzt,
wenn ein Stier mir entgegenrennt,
wenn es hagelt und brennt,
wenn der Sturm an den Läden rüttelt
und die Kronen der Bäume schüttelt.

Wenn ich durch einen Wald spaziere
und plötzlich die Richtung verliere,
wenn hinter den Büschen Gespenster lauern
und hinter den Steinen Gestalten kauern,
wenn sich Riesen im Traum verstecken
und mich mitten in der Nacht wecken,
wenn mich die Mutter in den Keller schickt,
wenn vor mir ein Mäuslein erschrickt.

Max Bolliger

Was mir die Angst nimmt

Vater und Mutter und vertraute Gesichter,
im Dorf und in der Stadt die Lichter.
Die Sonne, die mich am Morgen weckt,
das Kätzchen, das sich in meinen Arm versteckt.
Im Bett Teddybären und Puppen,
Sterne, die durchs Fenster gucken.
Bruder, Schwester, Neffen und Nichten,
in der Schule die schönen Geschichten.
Alles, was jeden Tag mit mir lebt
und am Abend das Gutenachtgebet.

Hans Manz

Verwandlung

Ein Hasenfuß ging durch die Welt
und sprach: »Ich will es wagen,
wer sich mir auch entgegenstellt,
es wird ihm nicht gelingen,
mich in die Flucht zu schlagen.«

Er ging und ging grad über Land
und hielt aalglatten Schmeichlern,
bärenstarken Wegelagerern
und andern Hundsgemeinen stand.
Selbst schlangenfalsche Irreführer
überwand er Stück für Stück
und kam als Löwenherz zurück.

Wolfgang Rudelius

Die Träne

Ich weine eine Träne
und feucht
und leicht
und warm
mit einem kleinen Sehnen
berührt sie deinen Arm.

Christine Nöstlinger

Die Liebe zu mir

Meine Mutter liebt mich.
Mein Vater liebt mich.
Alle Eltern lieben ihre Kinder.
Von der Geburt bis zum Tode.
Von meiner Geburt bis zu ihrem Tode
– und darüber hinaus.
Ich danke auch schön dafür.
Von der Geburt bis zum Tode.
Von meiner Geburt bis zu meinem Tode
– und darüber hinaus.
Nur,
ich erweise mich der Liebe meiner Eltern
nicht würdig.
Meine Hose ist oben zu eng
und unten zu weit.
Meine Haare sind zu lang.
Mein Rekorder ist zu laut.
Ich habe einen Freund,
der hat schon oft Zigaretten geraucht.
Und einen anderen Freund,
der schaut wie ein Türke aus.
Außerdem will ich auf eine Honda sparen.
Für meine Eltern bin ich:
Meine Hose und meine Haare,
mein Rekorder
und mein Traum von der Honda.
Ich bin für sie
die Zigarette des einen Freundes
und die braune Hautfarbe des anderen.
Und weil meine Eltern
eine Honda nicht lieben können,
und weil meine Eltern
einen Türken nicht lieben können,

und weil meine Eltern
einen Rekorder nicht lieben können
und meine Hose
und meine Haare
nicht lieben können,
fällt es ihnen auch so schwer,
mich zu lieben.
Doch gerade deshalb
muß ich doppelt und dreifach dankbar sein,
daß meine Eltern mich lieben,
denn für sie ist die Liebe zu mir
tatsächlich Schwerarbeit.

Robert Gernhardt

Gesetzt den Fall …

Gesetzt den Fall, ihr habt ein Schaf gekränkt –
(»Gesetzt den Fall« heißt »Nehmen wir mal an«) –,
gesetzt den Fall, es hat den Kopf gesenkt
und ist euch böse – ja, was dann?

Dann solltet ihr dem Schaf was Liebes sagen,
ihr könnt' ihm auch dabei den Rücken streicheln,
ihr dürft nicht »Na? Warum so sauer?« fragen,
ihr müßt dem Schaf mit Freundlichkeiten schmeicheln.

Sagt mir jetzt nicht: »Ich wohn' doch in der Stadt,
wo soll ich da um Himmelswillen Schafe kränken?«
Ich gebe zu, daß das was für sich hat,
doch bitte ich euch trotzdem zu bedenken:

Ein gutes Wort ist nie verschenkt,
nicht nur bei Schafen, sondern überall.
Auch trefft ihr Schafe öfter, als ihr denkt.
Nicht nur auf Wiesen. Und nicht nur im Stall.

(Na wo denn noch?)

Frantz Wittkamp

Warum sich Raben streiten

Weißt du, warum sich Raben streiten?
Um Würmer und Körner und Kleinigkeiten,

um Schneckenhäuser und Blätter und Blumen
und Kuchenkrümel und Käsekrumen

und darum, wer recht hat und unrecht, und dann
auch darum, wer schöner singen kann.

Mitunter streiten sich Raben wie toll
darum, wer was tun und lassen soll,

und darum, wer erster ist, letzter und zweiter
und dritter und vierter und so weiter.

Raben streiten um jeden Mist.
Und wenn der Streit mal zu Ende ist,

weißt du, was Raben dann sagen?
Komm, wir wollen uns wieder vertragen!

Hans Manz

Schlagfertig

Will jemand mich
übers Ohr hauen,
mir nicht trauen,
mich klein kriegen,
meinen Willen biegen,
werd ich's nicht ertragen
und dem Jemand ein Schnippchen schlagen.

Will man mich
listig und durchtrieben
vorn in Schmeicheleien wiegen,
um hinterrücks mich zu betrügen,
sag ich:
»Schlagt's euch aus dem Kopf,
ihr Lieben!«

Doch werd ich
von Zuversicht,
    Zuneigung,
    Freundschaft getragen,
    werde ich Wurzeln schlagen.

(Man glaubt es kaum:
Eben habe ich
doch einen geschlagen,
aber er hat es
fröhlich ertragen:
der Purzelbaum.)

Franz von Pocci und Karl von Raumer

Vom Käuzlein

Ich armes Käuzlein kleine,
Wo soll ich fliegen aus?
Bei Nacht so gar alleine
Bringt mir so manchen Graus;
Das macht der Eulen Ungestalt
Ihr Trauern mannigfalt.

Die Kinder unten glauben,
Ich deute Böses an,
Sie wollen mich vertreiben,
Daß ich nicht schreien kann.
Wenn ich was deute, ist's mir leid,
Und was ich schrei', ist keine Freud'.

Mein Ast ist mir entwichen,
Darauf ich ruhen wollt',
Die Blättlein all' erblichen,
Frau Nachtigall geholt.
Das macht der Eulen falsche Tück',
Die stören all mein Glück! –

Joseph von Eichendorff

Der Knabe

Es war ein zartes Vögelein,
Das saß in Lieb gefangen,
Ein Knabe hegt' und pflegt' sichs fein
Wohl hinter goldnen Stangen.

Und draußen hörts auf grünem Plan
Verschiedner Vögel Weisen,
Sah Tag und Nacht den Knaben an,
Mocht nicht mit ihnen reisen.

Und als der Frühling weit und breit
Von neuem schien und schwärmte,
Da tat dem Knaben 's Vöglein leid,
Daß es kein Strahl erwärmte.

Da nahm er aus dem stillen Haus
Das Vöglein fromm und treue,
Und schweift' mit ihm durchs Feld hinaus
Ins himmelblaue Freie.

Er setzt' es vor sich auf die Hand,
Da wend't und putzt sichs feine,
In bunten Farben spielt' und brannt
Sein Kleid im Sonnenscheine.

Doch aus dem Wald ein Singen rief,
Bunt Vöglein ziehn und reisen,
Das lockt so hell, das lockt so tief
In wundersüßen Weisen.

Das Vöglein frisch die Flügel rührt –
Es ruft: Kommst du nicht balde? –
Das hat das Vögelein verführt,
Fort flogs zum grünen Walde –

Nun muß der Knabe einsam gehn,
Klagt über Tal und Hügel:
»Süß Lieb', süß Lieb', wie bist du schön:
Ach, hättst du keine Flügel!« –

Magnus Gottfried Lichtwer

Der Hänfling

Ein Hänfling, den der erste Flug
Aus seiner Eltern Neste trug,
Hub an, die Wälder zu beschauen,
Und kriegte Lust, sich anzubauen.
Ein edler Trieb: denn eigner Herd
Ist, sagt das Sprichwort, Goldes Wert.

Die stolze Glut der jungen Brust
Macht' ihm zu einem Eichbaum Lust.
»Hier wohn' ich«, sprach er, »wie ein König,
Dergleichen Nester gibt es wenig.«
Kaum stund das Nest, so ward's verheert,
Und durch den Donnerstrahl verzehrt.

Es war ein Glück bei der Gefahr,
Daß unser Hänfling auswärts war.
Er kam, nachdem es ausgewittert,
Und fand die Eiche halb zersplittert.
Da sah' er mit Bestürzung ein,
Er könne hier nicht sicher sein.

Mit umgekehrtem Eigensinn
Begab er sich zur Erde hin,
Und baut' in niedriges Gesträuche;
So scheu macht' ihn der Fall der Eiche.
Doch Staub und Würmer zwangen ihn,
Zum andernmal davon zu ziehn.

Da baut' er sich das dritte Haus,
Und las ein dunkles Büschchen aus,
Wo er den Wolken nicht zu nahe,
Doch nicht die Erde vor sich sahe.
Ein Ort, der in der Ruhe liegt:

Da lebt er noch, und lebt vergnügt.
Vergnügte Tage findet man,
Woferne man sie finden kann,
Nicht auf dem Thron und nicht in Hütten.
Kannst du vom Himmel es erbitten,
So sei dein eigner Herr und Knecht;
Dies bleibt des Mittelstandes Recht.

Detlev von Liliencron

Aus der Kinderzeit

In alten Briefen saß ich heut vergraben,
als einer plötzlich in die Hand mir fiel,
auf dem die Jahresziffer mich erschreckte,
so lange war es her, so lange schon.
Die Schrift stand groß und klein und glatt und kraus
und reichlich untermischt mit Tintenklecksen:
»Mein lieber Fritz, die Bäume sind nun kahl,
wir spielen nicht mehr Räuber und Soldat,
Türk hat das rechte Vorderbein gebrochen,
und Tante Hannchen hat noch immer Zahnweh,
Papa ist auf die Hühnerjagd gegangen.
Ich weiß nichts mehr. Mir geht es gut.
Schreib bald und bleibe recht gesund.
Dein Freund und Vetter Siegesmund.«

»Die Bäume sind nun kahl«, das herbe Wort
ließ mich die Briefe still zusammenlegen,
gab Hut und Handschuh mir und Rock und Stock
und drängte mich hinaus in meine Heide.

Hanna Hanisch

Meine zweimal geplatzte Haut

Ich könnte platzen.
Aus allen Nähten könnte ich platzen
vor Wut.
Meine Hände zittern.
Meine Stimme bebt.
Meine Haut tut mir weh von soviel Wut.
Ich fühle mich krank in meiner Haut,
weil du so bös zu mir warst.

Ich könnte platzen.
Aus allen Nähten könnte ich platzen
vor Lust.
Meine Hände winken.
Meine Stimme lacht.
Mein Bauch gluckert von soviel Lust.
Ich fühle mich wohl in meiner Haut,
weil du so lieb zu mir warst.

Peter Härtling

Ich schreib auf diese Seite

Ich schreib auf diese Seite
nur diesen einen Satz:
Ich mag dich wirklich – heute!
Für morgen ist auf einer andern Seite Platz.

Lieder, Reime und Gebete

Wiegenlied

Eio popeio,
Was raschelt im Stroh?
Die Gänslein gehn barfuß
Und haben kein Schuh.
Der Schuster hats Leder,
Kein Leisten dazu,
Kann er dem Gänslein
Auch machen kein Schuh.

Eio popeio,
Schlag Kickelchen tot,
Legt mir kein Eier
Und frißt mir mein Brot.
Rupfen wir ihm dann
Die Federchen aus,
Machen dem Kindlein
Ein Bettchen daraus.

Eio popeio,
Das ist eine Not!
Wer schenkt mir einen Heller
Zu Zucker und Brot?
Verkauf ich mein Bettlein
Und leg mich aufs Stroh,
Sticht mich kein Feder
Und beißt mich kein Floh!

Unbekannter Verfasser

Matthias Claudius

Ein Wiegenlied, bei Mondschein zu singen

So schlafe nun, du Kleine!
Was weinest du?
Sanft ist im Mondenscheine
Und süß die Ruh.

Auch kommt der Schlaf geschwinder
Und sonder Müh;
Der Mond freut sich der Kinder
Und liebet sie.

Er liebt zwar auch die Knaben,
Doch Mädchen mehr,
Gießt freundlich schöne Gaben
Von oben her

Auf sie aus, wenn sie saugen,
Recht wunderbar;
Schenkt ihnen blaue Augen
Und blondes Haar.

Alt ist er wie ein Rabe,
Sieht manches Land;
Mein Vater hat als Knabe
Ihn schon gekannt.

Und bald nach ihren Wochen
Hat Mutter mal
Mit ihm von mir gesprochen.
Sie saß im Tal,

In einer Abendstunde,
Den Busen bloß,
Ich lag mit offnem Munde
In ihrem Schoß.

Sie sah mich an, für Freude
Ein Tränchen lief,
Der Mond beschien uns beide,
Ich lag und schlief.

Da sprach sie: »Mond, o scheine,
Ich hab sie lieb,
Schein Glück für meine Kleine!«
Ihr Auge blieb

Noch lang am Monde kleben
Und flehte mehr.
Der Mond fing an zu beben,
Als hörte er.

Und denkt nun immer wieder
An diesen Blick,
Und scheint von hoch hernieder
Mir lauter Glück.

Er schien mir unterm Kranze
Ins Brautgesicht,
Und bei dem Ehrentanze;
Du warst noch nicht.

Clemens Brentano

Kein Tierlein ist auf Erden ...

Kein Tierlein ist auf Erden
Dir, lieber Gott, zu klein,
Du ließt sie alle werden,
Und alle sind sie dein.
  Zu dir, zu dir
  Ruft Mensch und Tier
  Der Vogel dir singt
  Das Fischlein dir springt
  Die Biene dir brummt
  Der Käfer dir summt
  Auch pfeifet dir das Mäuslein klein,
  Herr Gott, du sollst gelobet sein.

Das Vöglein in den Lüften
Singt dir aus voller Brust,
Die Schlange in den Klüften
Zischt dir in Lebenslust.
  Zu dir, zu dir
  Ruft Mensch und Tier usw.

Die Fischlein, die da schwimmen,
Sind, Herr, vor dir nicht stumm,
Du hörest ihre Stimmen,
Ohn' dich kommt keines um.
  Zu dir, zu dir usw.

Vor dir tanzt in der Sonne
Der kleinen Mücken Schwarm,
Zum Dank für Lebenswonne
Ist keins zu klein und arm.
  Zu dir, zu dir usw.

Sonn', Mond gehn auf und unter
In deinem Gnadenreich,
Und alle deine Wunder
Sind sich an Größe gleich.
  Zu dir, zu dir usw.

Zu dir muß jedes ringen,
Wenn es in Nöten schwebt,
Nur du kannst Hülfe bringen,
Durch den das Ganze lebt.
  Zu dir, zu dir usw.

In starker Hand die Erde
Trägst du mit Mann und Maus,
Es ruft dein Odem, Werde,
Und bläst das Lichtlein aus.
  Zu dir, zu dir usw.

Kein Sperling fällt vom Dache
Ohn' dich, vom Haupt kein Haar,
O teurer Vater wache
Bei uns in der Gefahr.
  Zu dir, zu dir usw.

Behüt' uns vor der Falle
Und vor dem süßen Gift
Und vor der Katzenkralle,
Die gar unfehlbar trifft.
  Zu dir, zu dir usw.

Daß unsre Fahrt gelinge
Schütz' uns vor aller Not
Und helf' uns zu dem Ringe
Und zu dem Zuckerbrot.
  Zu dir, zu dir usw.

Adelbert von Chamisso

Das Riesenspielzeug

Burg Niedeck ist im Elsaß der Sage wohl bekannt,
Die Höhe, wo vorzeiten die Burg der Riesen stand;
Sie selbst ist nun zerfallen, die Stätte wüst und leer,
Du fragest nach den Riesen, du findest sie nicht mehr.

Einst kam das Riesenfräulein aus jener Burg hervor,
Erging sich sonder Wartung und spielend vor dem Tor
Und stieg hinab den Abhang bis in das Tal hinein,
Neugierig zu erkunden, wie's unten möchte sein.

Mit wen'gen raschen Schritten durchkreuzte sie den Wald,
Erreichte gegen Haslach das Land der Menschen bald,
Und Städte dort und Dörfer und das bestellte Feld
Erschienen ihren Augen gar eine fremde Welt.

Wo jetzt zu ihren Füßen sie spähend niederschaut,
Bemerkt sie einen Bauer, der seinen Acker baut;
Es kriecht das kleine Wesen einher so sonderbar,
Es glitzert in der Sonne der Pflug so blank und klar.

»Ei, artig Spielding!« ruft sie, »das nehm ich mit nach Haus.«
Sie knieet nieder, spreitet behend ihr Tüchlein aus
Und feget mit den Händen, was da sich alles regt,
Zu Haufen in das Tüchlein, das sie zusammenschlägt;

Und eilt mit freud'gen Sprüngen, man weiß, wie Kinder sind,
Zur Burg hinan und suchet den Vater auf geschwind:
»Ei Vater, lieber Vater, ein Spielding wunderschön!
So Allerliebstes sah ich noch nie auf unsern Höhn!«

Der Alte saß am Tische und trank den kühlen Wein,
Er schaut sie an behaglich, er fragt das Töchterlein:
»Was Zappeliges bringst du in deinem Tuch herbei?
Du hüpfest ja vor Freuden: Laß sehen, was es sei!«

Sie spreitet aus das Tüchlein und fängt behutsam an,
Den Bauer aufzustellen, den Pflug und das Gespann;
Wie alles auf dem Tische so zierlich aufgebaut,
So klatscht sie in die Hände und springt und jubelt laut.

Der Alte wird gar ernsthaft und wiegt sein Haupt und spricht:
»Was hast du angerichtet? Das ist kein Spielzeug nicht!
Wo du es hergenommen, da trag es wieder hin,
Der Bauer ist kein Spielzeug, was kommt dir in den Sinn?

Sollst gleich und ohne Murren erfüllen mein Gebot;
Denn wäre nicht der Bauer, so hättest du kein Brot;
Es sprießt der Stamm der Riesen aus Bauernmark hervor,
Der Bauer ist kein Spielzeug, da sei uns Gott davor!«

Burg Niedeck ist im Elsaß der Sage wohl bekannt,
Die Höhe, wo vorzeiten die Burg der Riesen stand;
Sie selbst ist nun zerfallen, die Stätte wüst und leer,
Und fragst du nach den Riesen, du findest sie nicht mehr.

Luise Hensel

Nachtgebet

Müde bin ich, geh' zur Ruh,
Schließe beide Äuglein zu;
Vater, laß die Augen dein
Über meinem Bette sein!

Hab' ich Unrecht heut' getan,
Sieh' es, lieber Gott, nicht an!
Deine Gnad' und Jesu Blut
Macht ja allen Schaden gut.

Alle, die mir sind verwandt,
Gott, laß ruhn in deiner Hand.
Alle Menschen, groß und klein,
Sollen dir befohlen sein.

Kranken Herzen sende Ruh,
Nasse Augen schließe zu;
Laß den Mond am Himmel steh'n,
Und die stille Welt beseh'n!

Richard Leander

Schlummerliedchen

Schlaft mir allzusammen ein,
Meine sieben Kinderlein,
In euren weichen Betten.
Schlummert süß und schlafet aus,
Steckt mir keins die Beinchen raus
Unter eurer Decke!

Seid ihr dann geschlafen ein,
Fliegt ein Engel ins Zimmer rein,
Besieht sich alle sieben:
Deine Kinder sind alle weiß und rot,
Ein schönen Gruß vom lieben Gott,
Ob sie auch fromm geblieben?

Meine sieben Kinder sind alle fromm.
Sie wolln gern in den Himmel komm'n,
Schön Dank für Milch und Wecken.
Bring wieder einen Gruß nach Haus:
Es stecke auch keins die Beinchen raus
Mehr unter seiner Decke.

Christian Morgenstern

Schlummerlied

Schlaf, Kindlein, schlaf!
Es war einmal ein Schaf.

Das Schaf, das ward geschoren,
da hat das Schaf gefroren.

Da zog ein guter Mann
ihm seinen Mantel an.

Jetzt brauchts nicht mehr zu frieren,
kann froh herumspazieren!

Schlaf, Kindlein, schlaf!
Es war einmal ein Schaf.

Victor Blüthgen

Storchliedchen

Storch, Storch, Klappermann,
Hat ein schwarzweiß Röcklein an,
Steht auf unserm Scheunendach
Und klappert mir mein Kindchen wach.
Was hat er denn zu klappern,
Mit seiner Frau zu plappern.
Von den grünen Wiesen,
Wo die Bächlein fließen,
Von den grünen Schlupfen,
Wo die Fröschlein hupfen,
Von dem Teich, den niemand find't,
Wo die Wickelkinder sind.

Wolfgang Borchert

Abendlied

Warum, ach sag, warum
geht nun die Sonne fort?
Schlaf ein, mein Kind, und träume sacht,
das kommt wohl von der dunklen Nacht,
da geht die Sonne fort.

Warum, ach sag, warum
wird unsere Stadt so still?
Schlaf ein, mein Kind, und träume sacht,
das kommt wohl von der dunklen Nacht,
weil sie dann schlafen will.

Warum, ach sag, warum
brennt die Laterne so?
Schlaf ein, mein Kind, und träume sacht,
das kommt wohl von der dunklen Nacht,
da brennt sie lichterloh!

Warum, ach sag, warum
gehn manche Hand in Hand?
Schlaf ein, mein Kind, und träume sacht,
das kommt wohl von der dunklen Nacht,
da geht man Hand in Hand.

Warum, ach sag, warum
ist unser Herz so klein?
Schlaf ein, mein Kind, und träume sacht,
das kommt wohl von der dunklen Nacht,
da sind wir ganz allein.

James Krüss

Starenlied

Die Stare kommen wieder
Von Süden übers Meer
Mit blitzendem Gefieder,
Und keiner weiß, woher.

Verbrachten sie den Winter
Wohl an der Adria?
Oder weit, weit dahinter
Im heißen Afrika?

Ich kann euch nicht verraten,
Wohin die Stare ziehn.
Vielleicht in die Karpaten,
Vielleicht nur bis Turin.

Die Stare sind inzwischen
Zurückgekehrt nach Haus.
In Bäumen und in Büschen,
Da schwatzen sie sich aus.

Und wer von euch, ihr Kinder,
Das Starenlied versteht,
Der weiß, wohin im Winter
Die Starenreise geht!

Joseph Victor von Scheffel

Trompeterlied für den Storch

Wer klappert von dem Turme
Seltsamen Gruß mir? Horch!
Das ist in seinem Neste
Mein alter Freund, der Storch.

Er rüstet sich zur Reise
Weit über Land und See.
Der Herbst kommt angezogen,
Drum sagt er uns ade!

Hast recht, daß du verreisest,
Bei uns wirds kühl und still;
Grüß mir das Land Italien
Und auch den Vater Nil.

Es werde dir im Süden
Ein besser Mahl zuteil
Als deutsche Frösch und Kröten,
Maikäfer und Langweil!

Behüt dich Gott, du Alter,
Mein Segen mit dir zieht,
Du hast in stillen Nächten
Oftmals gehört mein Lied,

Und wenn du nicht zufällig
Im Nest verschlafen bist,
So hast du auch gesehen,
Wie sie mich einst geküßt.

Doch schwatz nicht aus der Schule,
Schweig still, alter Kumpan!
Was geht die Afrikaner
Die Lieb am Rheine an?

Friedrich Wilhelm Güll

Wenn das Kind nicht schlafen will

Nun leg' dich und schlaf
Wie der Knecht und die Schaf'.
Ein Knecht ist kein Graf,
Ein Graf ist kein Knecht.
Ein Star ist kein Specht,
Ein Specht ist kein Star.
Ein Flaum ist kein Haar,
Ein Haar ist kein Flaum.
Ein Strauch ist kein Baum,
Ein Baum ist kein Strauch.
Ein Wind ist kein Hauch,
Ein Hauch ist kein Wind.
Ein Roß ist kein Rind,
Ein Rind ist kein Roß.
Ein Stall ist kein Schloß,
Ein Schloß ist kein Stall.
Ein Ei ist kein Ball,
Ein Ball ist kein Ei.
Ein März ist kein Mai,
Ein Mai ist kein März.
Ein Kopf ist kein Herz,
Ein Herz ist kein Kopf.
Ein Schwanz ist kein Zopf,
Ein Zopf ist kein Schwanz.
Ein Strauß ist kein Kranz,
Ein Kranz ist kein Strauß.
Ein Dach ist kein Haus,
Ein Haus ist kein Dach.
Ein Strom ist kein Bach,
Ein Bach ist kein Strom.
Ein Turm ist kein Dom,
Ein Dom ist kein Turm.
Ein Schneck ist kein Wurm,

Ein Wurm ist kein Schneck.
Ein Loch ist kein Eck,
Ein Eck ist kein Loch.
Ein Zaum ist kein Joch,
Ein Joch ist kein Zaum.
Ein Schlaf ist kein Traum,
Ein Traum ist kein Schlaf.
Ein Bock ist kein Schaf,
Ein Schaf ist kein Bock.
Ein Pfahl ist kein Pflock,
Ein Pflock ist kein Pfahl.
Ein Berg ist kein Tal,
Ein Tal ist kein Berg.
Ein Ries' ist kein Zwerg,
Ein Zwerg ist kein Ries'.
Ein Schwert ist kein Spieß,
Ein Spieß ist kein Schwert.
Ein Rind ist kein Pferd,
Ein Pferd ist kein Rind.
Ein Greis ist kein Kind,
Ein Kind ist kein Greis.
Ein Schnee ist kein Eis,
Ein Eis ist kein Schnee.
Ein Strand ist kein See,
Ein See ist kein Strand.
Ein Meer ist kein Land,
Ein Land ist kein Meer.
Ein Schwarm ist kein Heer,
Ein Heer ist kein Schwarm.
Ein Fuß ist kein Arm,
Ein Arm ist kein Fuß.
Ein Teich ist kein Fluß,
Ein Fluß ist kein Teich.
Ein Stamm ist kein Zweig,
Ein Zweig ist kein Stamm.
Ein Has ist kein Lamm,
Ein Lamm ist kein Has.

Ein Laub ist kein Gras,
Ein Gras ist kein Laub.
Ein Sand ist kein Staub,
Ein Staub ist kein Sand.
Ein Sitz ist kein Stand,
Ein Stand ist kein Sitz.
Ein Pfeil ist kein Blitz,
Ein Blitz ist kein Pfeil.
Ein Block ist kein Keil,
Ein Keil ist kein Block.
Ein Hund ist kein Bock,
Ein Bock ist kein Hund.
Ein Lot ist kein Pfund,
Ein Pfund ist kein Lot.
Ein Stein ist kein Brot,
Ein Brot ist kein Stein.
Ein Bier ist kein Wein,
Ein Wein ist kein Bier.
Ein Dachs ist kein Stier,
Ein Stier ist kein Dachs.
Ein Schwab ist kein Sachs,
Ein Sachs ist kein Schwab.
Ein Stock ist kein Stab,
Ein Stab ist kein Stock.
Ein Frack ist kein Rock,
Ein Rock ist kein Frack.
Ein Krug ist kein Sack,
Ein Sack ist kein Krug.
Ein Flachs ist kein Tuch,
Ein Tuch ist kein Flachs.
Ein Hecht ist kein Lachs,
Ein Lachs ist kein Hecht.
Ein Graf ist kein Knecht,
Ein Knecht ist kein Graf.
Nun leg' dich und schlaf'.

Ludwig Uhland

Einkehr

Bei einem Wirte wundermild,
Da war ich jüngst zu Gaste;
Ein goldner Apfel war sein Schild
An einem langen Aste.

Es war der gute Apfelbaum,
Bei dem ich eingekehret;
Mit süßer Kost und frischem Schaum
Hat er mich wohl genähret.

Es kamen in sein grünes Haus
Viel leichtbeschwingte Gäste;
Sie sprangen frei und hielten Schmaus
Und sangen auf das beste.

Ich fand ein Bett zu süßer Ruh
Auf weichen grünen Matten;
Der Wirt, er deckte selbst mich zu
Mit seinem kühlen Schatten.

Nun fragt' ich nach der Schuldigkeit,
Da schüttelt' er den Wipfel.
Gesegnet sei er allezeit
Von der Wurzel bis zum Gipfel!

Vogelhochzeit

Die Vögel hielten Hochzeitsschmaus,
Die Hochzeit gab der Vogel *Strauß*.

Der schönste *Hahn* mit Sporn und Kamm,
Das war der stolze Bräutigam.

Und *Kratzefuß*, die junge Braut,
Die sollt' ihm werden anvertraut.

Der grüne *Specht*, der grüne Specht,
Der macht der Braut das Haar zurecht.

Der *Kakadu*, der Kakadu,
Der bringt der Braut die neuen Schuh.

Der *Seidenschwanz*, der Seidenschwanz,
Der bringt der Braut den Hochzeitskranz.

Die *Lerche*, die Lerche,
Die führt die Frau zur Kirche.

Der *Sperling*, der Sperling,
Der gibt der Braut den Trauring.

Der *Auerhahn*, der Auerhahn,
Das ist der Küster und Kaplan.

Die *Ente*, die Ente,
Die war der Suprindente.

Der schwarze *Rab*, der war der Koch,
Man sieht's an seinen Federn noch.

Die *Schnepfe*, die Schnepfe
Setzt auf den Tisch die Näpfe.

Der *Papagei* mit krummem Schnabel,
Der bringt den Gästen Messer und Gabel.

Das *Rebhuhn*, das Rebhuhn,
Das hat den Dienst bei Tisch zu tun.

Die *Meise*, die Meise,
Die bringt der Braut die Speise.

Der *Wiedehopf*, der Wiedehopf,
Der bringt der Braut den Kaffeetopf.

Der *Kuckuck* und der *Kolibri*,
Das sind die Herren Musici.

Das *Rotschwänzchen*, das Rotschwänzchen
Macht mit der Braut das erste Tänzchen.

Das *Finkelein*, das Finkelein,
Das führt das Paar zur Kammer ein.

Der *Uhu*, der Uhu,
Der macht die Fensterladen zu.

Die *Taube*, die Taube,
Die bringt der Braut die Haube.

Die graue *Dohl*, die graue Dohl,
Die bringt der Braut das Nachtkamisol.

Die *Fledermaus*, die Fledermaus,
Die zieht der Braut die Strümpfe aus.

Die fette *Gans* macht auf das best
Von Federn ein bequemes Nest.

Frau *Kratzefuß*, Frau Kratzefuß
Gibt allen nun den Abschiedsgruß.

Herr *Henning* krähet: Gute Nacht!
Nun wird die Kammer zugemacht.
Unbekannter Verfasser

Ein Männlein steht im Walde ...

Ein Männlein steht im Walde ganz still und stumm,
Es hat von lauter Purpur ein Mäntlein um.
Sagt, wer mag das Männlein sein,
Das da steht im Wald allein
Mit dem purpurroten Mäntelein?

Das Männlein steht im Walde auf einem Bein
Und hat auf seinem Haupte schwarz Käpplein klein.
Sagt, wer mag das Männlein sein,
Das da steht im Wald allein
Mit dem kleinen, schwarzen Käppelein?
Unbekannter Verfasser

August Heinrich Hoffmann von Fallersleben

Frühlings Ankunft

Alle Vögel sind schon da,
Alle Vögel, alle!
Welch ein Singen, Musiziern,
Pfeifen, Zwitschern, Tireliern,
Frühling will nun einmarschiern,
Kommt mit Sang und Schalle.

Wie sie alle lustig sind,
Flink und froh sich regen!
Amsel, Drossel, Fink und Star,
Und die ganze Vogelschar,
Wünschet uns ein frohes Jahr,
Lauter Heil und Segen.

Was sie uns verkündet nun,
Nehmen wir zu Herzen:
Wir auch wollen lustig sein,
Lustig wie die Vögelein,
Hier und dort, feldaus, feldein,
Singen, springen, scherzen!

Johann Georg Jacobi

Wiegenlied für ein Mädchen

Schlummre, Liebchen! bist noch klein,
Weißt vom schönen Sonnenschein,
Weißt vom Strahl des Mondenlichts
Und von Wald und Blumen nichts;
Liebchen, schlummre, werde groß!
Sollst es sehn auf meinem Schoß.

Sollst den Glanz des Himmels sehn,
Und aus ihm die Sonne gehn
Über Wiesen frisch und grün,
Wo die blauen Veilchen blühn.
Veilchen werden dann gepflückt,
Du ans Mutterherz gedrückt.

Mir am Herzen, liebes Kind,
Spielst du froh im Morgenwind.
Über dir ist Jubelklang,
Um dich her ist Lobgesang;
Leise rauschen Baum und Fluß,
Und du fühlst den Mutterkuß.

Liebchen, schlummre; wachs heran!
Siehst in meinen Armen dann
Auch der Abendsonne Glut;
Siehst, wenn Feld und Aue ruht,
Gold und Purpur überall
Beim Gesang der Nachtigall.

Unterm Nachtigallenlied
Kommt der helle Mond und sieht
Mild herab auf dich und mich,
Alle Blumen neigen sich,
Und die Händchen falt ich dir:
Kleiner Engel, Gott ist hier!

Gott ist hoch im Sternenglanz
Und im niedern Veilchenkranz,
Ist, wo jener Vogel schlägt
Und wo dieser Arm dich trägt.
Sag in jedem Winkel dir,
Liebes Mädchen: Gott ist hier!

Günter Bruno Fuchs

Für ein Kind

Ich habe gebetet. So nimm von der Sonne und geh.
Die Bäume werden belaubt sein.
Ich habe den Blüten gesagt, sie mögen dich schmücken.

Kommst du zum Strom, da wartet ein Fährmann.
Zur Nacht läutet sein Herz übers Wasser.
Sein Boot hat goldene Planken, das trägt dich.

Die Ufer werden bewohnt sein.
Ich habe den Menschen gesagt, sie mögen dich lieben.
Es wird dir einer begegnen, der hat mich gehört.

Johann Heinrich Voß

Wiegenlied

Schlaf Kindelein,
Schlaf artig ein!
Lu lu lu,
Äuglein zu!
An warmer Brust lag Püppchen im Arm;
Nun liegts hier weich und warm.

Schlaf, Kindelein,
Schlaf artig ein!
Lu lu lu!
Äuglein zu!
An voller Brust, wenns wählig erwacht,
Ruht bald mein Kind und lacht.

Schlaf, Kindelein,
Schlaf artig ein!
Lu lu lu,
Äuglein zu.
Auf die Mahlzeit, Püppchen, ist Schlafen gesund!
O so reck' und strecke dich rund!

Schlaf, Kindelein,
Schlaf artig ein!
Lu lu lu,
Lu lu lu.

Matthias Claudius

Abendlied

Der Mond ist aufgegangen,
Die goldnen Sternlein prangen
Am Himmel hell und klar;
Der Wald steht schwarz und schweiget,
Und aus den Wiesen steiget
Der weiße Nebel wunderbar.

Wie ist die Welt so stille
Und in der Dämmrung Hülle
So traulich und so hold!
Als eine stille Kammer,
Wo ihr des Tages Jammer
Verschlafen und vergessen sollt.

Seht ihr den Mond dort stehen?
Er ist nur halb zu sehen
Und ist doch rund und schön!
So sind wohl manche Sachen,
Die wir getrost belachen,
Weil unsre Augen sie nicht sehn.

Wir stolzen Menschenkinder
Sind eitel arme Sünder
Und wissen gar nicht viel;
Wir spinnen Luftgespinste
Und suchen viele Künste
Und kommen weiter von dem Ziel.

Gott, laß uns dein Heil schauen,
Auf nichts Vergänglichs trauen,
Nicht Eitelkeit uns freun!
Laß uns einfältig werden
Und vor dir hier auf Erden
Wie Kinder fromm und fröhlich sein!

Wollst endlich sonder Grämen
Aus dieser Welt uns nehmen
Durch einen sanften Tod!
Und wenn du uns genommen,
Laß uns in Himmel kommen,
Du, unser Herr und unser Gott!

So legt euch denn, ihr Brüder,
In Gottes Namen nieder;
Kalt ist der Abendhauch.
Verschon uns, Gott, mit Strafen
Und laß uns ruhig schlafen!
Und unsern kranken Nachbar auch!

August Heinrich Hoffmann von Fallersleben

Das Lied vom Monde

Wer hat die schönsten Schäfchen?
Die hat der goldne Mond,
Der hinter unsern Bäumen
Am Himmel drüben wohnt.

Er kommt am späten Abend,
Wenn alles schlafen will,
Hervor aus seinem Hause
Zum Himmel leis und still.

Dann weidet er die Schäfchen
Auf seiner blauen Flur;
Denn all die weißen Sterne
Sind seine Schäfchen nur.

Sie tun sich nichts zuleide,
Hat eins das andre gern,
Und Schwestern sind und Brüder
Da droben Stern an Stern.

Wenn ich gen Himmel schaue,
So fällt mir immer ein:
O laßt uns auch so freundlich
Wie diese Schäfchen sein!

Morgenlied von den Schäfchen

Schlaf, Kindlein, schlaf,
Der Vater hüt die Schaf,
Die Mutter schüttelts Bäumelein,
Da fällt herab ein Träumelein.
Schlaf, Kindlein, schlaf!

Schlaf, Kindlein, schlaf,
Am Himmel ziehn die Schaf,
Die Sternlein sind die Lämmerlein,
Der Mond, der ist das Schäferlein,
Schlaf, Kindlein, schlaf!

Schlaf, Kindlein, schlaf,
Christkindlein hat ein Schaf,
Ist selbst das liebe Gotteslamm,
Das um uns all zu Tode kam,
Schlaf, Kindlein, schlaf.

Schlaf, Kindlein, schlaf,
So schenk ich dir ein Schaf
Mit einer goldnen Schelle fein,
Das soll dein Spielgeselle sein,
Schlaf, Kindlein, schlaf!

Schlaf, Kindlein, schlaf,
Und blök nicht wie ein Schaf,
Sonst kömmt des Schäfers Hündelein
Und beißt mein böses Kindelein,
Schlaf, Kindlein, schlaf.

Schlaf, Kindlein, schlaf,
Geh fort und hüt die Schaf,
Geh fort, du schwarzes Hündelein,
Und weck mir nicht mein Kindelein,
Schlaf, Kindlein, schlaf.

Unbekannter Verfasser

Zwischen Himmel und Erde

Victor Blüthgen

Schlechtes Wetter

Liese, es regnet Seile;
Ich sterbe vor Langerweile.
Ich glaube, die Blasen schwimmen dort –
Jetzt regnet's vier Wochen immer so fort.
Ich sollte der liebe Gott mal sein.
Da gäb' es Regen bloß bei Nacht,
Und immer wär' es Sonnenschein,
Wann ich im Bett wär' aufgewacht.

Hans Manz

In die Wolken gucken:

Im Himmel schwimmen
flockige Länder,
bauschige Kontinente.
Ihre Grenzen verfließen,
lösen sich auf,
ballen sich neu
zu noch nie gesehenen
Inseln und Staaten. –
Und ich ihr Entdecker,
ganz allein.

Johann Peter Hebel

Das Gewitter

O Kinder, holt die Wasch vom Seil!
Auf, Kunigund, nimm auch ein Teil,
und Fritzchen, treib die Schafe ein!
Es steht ein Wetter auf dem Rhein;
mein Krähenaug, was sagt ich heut?
hat wieder richtig prophezeit.

Die Schwalbe schwankt so tief und still,
weiß nicht, wohin sie fliehen will.
Es kommt so schwarz und kommt so schwer,
und an dem Himmel hängt ein Meer
voll Wetterdunst. Horch, wie es schallt,
und wies am Blauen widerhallt!

In großen Wirbeln fliegt der Staub
zum Himmel auf mit Halm und Laub;
und seht nur jenes Wölkchen an!
Wohl möcht ich wissen, wers so kann.
Seht, wie es auseinanderreißt,
wie unsereins die Wolle schleißt.

So helf uns und behüt uns Gott,
wie zuckts daher so feurigrot!
Und kracht und stoßt, es schauert mir!
Die Fenster zittern und die Tür.
Und sieh das Kind im Bettchen an:
da schläfts und nimmt sich nichts drum an.

Die Nachbarn läuten drauf und drauf
in Schliengen; dennoch hörts nicht auf.
Das fehlte noch: wenns donnern soll,
so läuten sie die Ohren voll.
O helf uns Gott, das war ein *Schlag*!
Dort, sieh den Baum am Gartenhag!

Noch schläft der Kleine sanft und gut
und hat beim Donnern leichten Mut;
er denkt: ›Da trifft mich nichts davon,
und wo ich lieg, das sieht er schon.‹
Jetzt streckt er sich, jetzt dreht er sich
aufs linke Ohr. Gott schirme dich!

O sieh die weißen Streifen dort,
und in der Luft, horch, wies rumort!
Es kommt! Gott woll uns gnädig sein!
Hängt hurtig alle Läden ein!
Wie stand das Weizenfeld in Pracht;
nun, schöne Ernte, gute Nacht!

Es rasselt auf dem Kirchendach,
und vor dem Haus, wie rauscht der Bach!
Kein End! O, daß sich Gott erbarm!
nun sind wir wieder alle arm!
Doch dachten wir nicht auch schon so?
Und wurden wir nicht wieder froh?

Ernst Moritz Arndt

Die Sternlein

Und die Sonne, sie machte den weiten Ritt
Um die Welt,
Und die Sternlein sprachen: »Wir reisen mit
Um die Welt.«
Und die Sonne, sie schalt: »Ihr bleibet zu Haus!
Denn ich brenn' euch die goldenen Äugelein aus
Bei dem feurigen Ritt um die Welt.«

Und die Sternlein gingen zum lieben Mond
In der Nacht;
Und sprachen: »Du, der auf den Wolken thront
In der Nacht;
Laß uns wandeln mit dir, dein milder Schein,
Er verbrennet uns nimmer die Äugelein.«
Und er nahm sie, Gesellen der Nacht.

Nun willkommen, Sternlein und guter Mond,
In der Nacht.
Ihr erfreut, was rings auf der Erde wohnt,
In der Nacht.
Kommt, zündet die himmlischen Lichter an
Und leuchtet auf einsamer, stiller Bahn
Dem Wandrer in später Nacht.

Heinrich Heine

Der Wind zieht seine Hosen an ...

Der Wind zieht seine Hosen an,
Die weißen Wasserhosen!
Er peitscht die Wellen, so stark er kann,
Sie heulen und brausen und tosen.

Aus dunkler Höh, mit wilder Macht,
Die Regengüsse träufen;
Es ist als wollt die alte Nacht
Das alte Meer ersäufen.

An den Mastbaum klammert die Möwe sich
Mit heiserem Schrillen und Schreien;
Sie flattert und will gar ängstiglich
Ein Unglück prophezeihen.

Heinrich Seidel

Am Abend

Sinkt der Tag
in Abendgluten,
schwimmt das Tal
in Nebelfluten.

Heimlich
aus der Himmelsferne
blinken schon
die goldnen Sterne.

Flieg zum Nest
und schwimm zum Hafen!
Gute Nacht!
Die Welt will schlafen!

Gina Ruck-Pauquet

Warum?

Warum
ist das nicht mehr da,
was ich gestern dachte?
Daß ich gestern lachte,
war doch so nah.
Hund, dem ich begegnet,
und daß es geregnet,
daß die Sonne schien,
sag, wo ist das hin?

Mittags gab es Kuchen,
nachher gab es Streit,
Kit kam mich besuchen,
dann verging die Zeit.
Wie kann Zeit vergehen?
Wo vergeht sie hin?
Zeit kann man nicht sehen,
doch ist alles drin:
Was ich heute denke,

was ich morgen tu,
wenn ich Tom was schenke,
und mein Loch im Schuh.

Günter Kunert

Das Leben der Bäume

Wenn ihr mich fragt, wie die Bäume leben,
sage ich: Weder gut noch schlecht.
In jedem von ihnen steckt ein höheres Streben
und die Angst vor dem Holzfällerknecht.

Sie leben wie wir zumeist in Herden,
und sie stehen nicht gern allein,
weil Stürme und Eis viel leichter gefährden
eines einzelnen Baumes Sein.

Es scheint, sie halten sich wirklich alle
mit Wurzeln im feuchten Waldboden fest.
Oder ist es das Erdreich in jedem Falle,
das sie nicht von sich läßt?

Sie altern unmerklich und modern tief innen,
bis ein Windstoß sie plötzlich schlägt:
so gehen ganze Wälder von hinnen
oder werden einfach zersägt.

Wenn ihr mich fragt, wie die Bäume leben,
sage ich: Sie zeigen Geduld.
Die von ihnen nehmen, und denen sie geben,
bleiben immer in ihrer Schuld.

Peter Härtling

Der letzte Elefant

Ich bin der letzte Elefant.
Vor hundert Jahren fand
mich ein schwarzer Prinz und band
an seinen Traum mich fest.

Der Prinz ist tot. Und meine Haut
ist schwarz vom Wetter angerauht.
Auf meinem Rücken war ein Haus gebaut –
dort saß mein Prinz und hielt mich fest.

Ich konnte tanzen. Ich war leicht.
Man hat mich einst von Hof zu Hof gereicht:
Seht diesen Elefanten, dem kein andrer gleicht!
und zog mir bunte Decken über für das Fest.

Dann kam der Brand, der Elefantentod.
Die Wälder sanken ein, und auch die Märchen starben.
Die Häuser wurden schwarz, die Erde rot –
das letzte Fest war wild in seinen Farben.

Die Prinzen starben und die Löwen auch.
Die Tore schlugen zu, das Reich zerfiel.
Der Zauberer versuchte es mit Götterrauch,
doch jenem Gott wars nur ein Spiel.

Ich bin der letzte Elefant.
Mein Prinz ist tot. An einem Strand,
wo ich die Wälder nicht mehr fand,
hüt ich den letzten Baum.

Da singt kein Vogel. Nur der Wind.
Und Sand macht meine Augen blind.
Vielleicht nimmt einmal doch ein Kind
mich mit in seinen Traum.

Magnus Gottfried Lichtwer

Das Kamel

Es ließ sich ein Kamel, das mit gebognem Knie
Vor seinem Meister lag, mit Waren stark belasten,
Man brachte Sack und Pack und manchen schweren Kasten,
Dies alles litt das gute Vieh,
Es muckste nicht einmal, bis es bei sich verspürte,
Daß es die volle Ladung führte.
Da stund es wieder auf; allein des Meisters Hand
Zwang es, sich abermals zu bücken,
Der auf das arme Tier noch viele Lasten band,
Er band, und sieh! es warf die ganze Fracht vom Rücken.

Gebt Achtung, wenn ihr Kinder lehrt,
Daß ihr auf einmal nicht sie allzu stark beschwert,
Es geht der Jugend wie den Alten,
Wer alles fassen soll, wird endlich nichts behalten.

Reiner Kunze

Wohin der Schlaf sich schlafen legt

Wohin der Schlaf sich schlafen legt,
wenn Großvater erwacht?

Am Morgen zwischen die Hörner der Kuh.
Die wiegt ihn ein
beim Wiederkäun,
da fallen ihm die Augen zu.
  Die ganze Nacht
  hat er Träume gebracht:
  vom Rosenbäumelein
  ein Rosenträumelein,
  vom Furchtbaum
  den Furchttraum.

Und nachmittags?

Am Nachmittag, wenn Großvater erwacht,
legt der Schlaf sich schlafen
zu den Hühnern unterm Flieder.
In den Kehlen knarrt es leis,
in den Kuhlen scharrt es leis,
da wird er müd und müder.
  Großvaters Mittagsrast
  trieb den Schlaf zu Eil und Hast:
  vom Aprikosenbäumelein
  ein Aprikosenträumelein,
  vom Irrbaum
  einen Wirrtraum!

Und euer Schlaf? Wohin er sich wohl schlafen legt,
wenn ihr erwacht?

Die ganze Nacht
hat er euch Träume gebracht:
vom Rosen- und vom Aprikosenbäumelein
ein Rosen- und ein Aprikosenträumelein.

Robert Gernhardt

Gehst du tags die Straße lang ...

Gehst du tags die Straße lang,
bist du nicht alleine.
Denn dein Schatten folgt dir stumm
über Stock und Steine.
Das weiß jeder. Doch was macht
so ein Schatten in der Nacht?

Nun – im Schutz der Dunkelheit
nutzt er seine freie Zeit
und trifft an verschwieg'nen Orten
andre Schatten aller Sorten.
Menschen-, Tier- und Vogelschatten,
die am Tag zu schweigen hatten,
schwatzen nun in trauter Runde,
bis das Licht der Morgenstunde
alles zwingt, zurückzukehren –
womit wir beim Thema wären:

Zwar hab ich es nie gesehn,
doch man sagt, es sei geschehn,
daß ganz pflichtvergess'ne Schatten
keine Lust zur Rückkehr hatten.
Solche Schatten – wird berichtet –
hab' man überall gesichtet.
Statt bei ihrem Herrn zu bleiben,
würden sie nun Unfug treiben.
Ja, sie dienten fremden Herrn,
Grad als ob's die eignen wär'n.
Doch! das hört man in der Tat.
Vielleicht ist's wahr. Daher mein Rat:

Gehst du tags die Straße lang,
und es folgt dir einer,
schau dir mal den Schatten an.
Ist es wirklich deiner?

Yaak Karsunke

berliner mauer

:für Kurt Bartsch

einer lehnt dran ein andrer
übt kopfstand schlägt
seine sohlen dagegen
in dreiviertelhöhe zwei mädchen
werfen bälle über
die schultern & unter
den kniekehlen durch

lachen von putz über ziegeln
die ziegelschrift lautet
Ina liebt Horst (aber Hotte
is doof & merkt nie was)

wer sich an
der teppichklopfstange hochzieht
kann über die mauer hinwegsehn
nach nebenan auf die nächste
:gebt mir meine puppenlappen wieder
ich geh auf den andern hof spielen
die müllkästen sind da genauso
schön wie die hier bei euch

Erich Fried

Freie Wahl mit guten Vorsätzen

am Beispiel üste

Die üste hat die freie Wahl:
Wenn sie ein W wählt bleibt sie kahl
Wenn sie ein K wählt wird sie naß –
Die freie Wahl macht keinen Spaß

Hans Magnus Enzensberger

Middle Class Blues

Wir können nicht klagen.
Wir haben zu tun.
Wir sind satt.
Wir essen.

Das Gras wächst,
das Sozialprodukt,
der Fingernagel,
die Vergangenheit.

Die Straßen sind leer.
Die Abschlüsse sind perfekt.
Die Sirenen schweigen.
Das geht vorüber.

Die Toten haben ihr Testament gemacht.
Der Regen hat nachgelassen.
Der Krieg ist noch nicht erklärt.
Das hat keine Eile.

Wir essen das Gras.
Wir essen das Sozialprodukt.
Wir essen die Fingernägel.
Wir essen die Vergangenheit.

Wir haben nichts zu verheimlichen.
Wir haben nichts zu versäumen.
Wir haben nichts zu sagen.
Wir haben.

Die Uhr ist aufgezogen.
Die Verhältnisse sind geordnet.

Erich Kästner

Das Lied vom Warten

Zwei Jahre wird's in diesem Mai,
da war der Totentanz vorbei,
da starb das große Sterben.
Wir traten vor das halbe Haus
und sahen nur: Der Krieg war aus.
Und sahen nichts als Scherben.

Doch auf dem Rest vom Kirchturm sang
die Amsel voller Überschwang,
und der Flieder, der blühte im Garten.
Die Bäume rauschten bis ins Blut.
Die Hoffnung sprach: »Es werde gut!
Geduld, mein Herz, Geduld, mein Herz;
dein bißchen Glück muß warten!«

Zwei Jahre werden es im Mai.
Mein Mann, der ist gefangen.
Er ist gefangen, ich bin frei.
Die Hoffnung ging an uns vorbei.
Die Hoffnung ist vergangen.

Wolfgang Bächler

So kam die Nacht

So kam die Nacht: Sie stieg vom Tal herauf
und hing das Dunkel in die lichten Wipfel.
Die spielten's höher, warfen's über Gipfel
und droben fing's der weite Himmel auf.

Die Schatten krochen aus Gebüsch und Tann,
aus Tobeln, Schluchten, die die Hänge queren,
und löschten sanft das Rot der Vogelbeeren,
den Schein des Wassers, der vom Felsen rann.

Sie traten aus das feuergelbe Laub,
die matte Glut, die in den Gründen träumte.
Nur drüben, wo der Wasserfall sich bäumte,
da schimmerte noch hell der Silberstaub.

Die Kühle wehte hoch und wischte sacht
des Tages Wärme von den müden Halmen,
und tiefer, tiefer sanken rings die Almen
und schmiegten sich in Arm und Schoß der Nacht.

Georg Heym

Vorortbahnhof

Auf grüner Böschung glüht des Abends Schein.
Die Streckenlichter glänzen an den Strängen,
Die fern in einen Streifen sich verengen
– Da braust von rückwärts schon der Zug herein.

Die Türen gehen auf. Die Gleise schrein
Vom Bremsdruck. Die Menschenmassen drängen,
Noch weiß vom Kalk und gelb vom Lehm. Sie zwängen
Zu zwanzig in die Wagen sich herein.

Der Zug fährt aus, im Bauch die Legionen.
Er scheint in tausend Gleisen zu verirren,
Der Abend schluckt ihn ein, der Strang ist leer.

Die roten Lampen schimmern von Balkonen.
Man hört das leise Klappern von Geschirren
Und sieht die Esser halb im Blättermeer.

Bertolt Brecht

Was ein Kind gesagt bekommt

Der liebe Gott sieht alles.
Man spart für den Fall des Falles.
Die werden nichts, die nichts taugen.
Schmökern ist schlecht für die Augen.
Kohlentragen stärkt die Glieder.
Die schöne Kinderzeit, die kommt nicht wieder.
Man lacht nicht über ein Gebrechen.
Du sollst Erwachsenen nicht widersprechen.
Man greift nicht zuerst in die Schüssel bei Tisch.
Sonntagsspaziergang macht frisch.
Zum Alter ist man ehrerbötig.
Süßigkeiten sind für den Körper nicht nötig.
Kartoffeln sind gesund.
Ein Kind hält den Mund.

Kurt Tucholsky

Deutsches Lied

Blasse Kinder auf dem Hof
(Nebenstraße – Westen)
machen einen kleinen Schwof
neben Müllschuttkästen.
Käse-Teint und bleicher Schopf.
Dürftiges Grün im Blumentopf
auf zwei Fensterbrettern.
Und die Stimmchen klettern:
»Kaserne! Kaserne!
Sonne, Mond und Sterne!
Achtung! Richtung! Vordermann!
Du – bist – dran – !«

Tief geduckt im Ziegelbau
hinter wuchtigen Laden
sitzen krumm, in Kitteln blau,
unsre Kameraden.
Staatsanwalt, der schikaniert,
Wärter, der sie malträtiert.
Ihre Stimmen leiern
in Preußen und in Bayern:
»Kaserne! Kaserne!
Sonne, Mond und Sterne!
Achtung! Richtung! Vordermann!
Du – bist – dran – !«

Deutscher Gram und deutsches Leid.
Ämter ohne Ende.
Wucher, den ein Staat gefeit,
und immer graue Wände.
Wir sind schuld. Ein Schrei, der gellt.
Aber draußen liegt die Welt.

Wir sind ganz alleine.
Und hören nur dies eine.
  »Kaserne! Kaserne!
  Sonne, Mond und Sterne!
  Achtung! Richtung! Vordermann!
  Du – bist – dran – !«

Isolde Kurz

Wegwarte

Mit nackten Füßchen am Wegesrand,
die Augen still ins Weite gewandt,
saht ihr bei Ginster und Heide
das Mädchen im blauen Kleide?

– »Das Glück kommt nicht in mein armes Haus,
drum stell ich mich hier an den Weg heraus;
und kommt es zu Pferde, zu Fuße,
ich tret ihm entgegen mit Gruße.«

Es ziehen der Wanderer mancherlei
zu Pferd, zu Fuß, zu Wagen vorbei.
– »Habt ihr das Glück nicht gesehen?«
Die lassen sie lachend stehen.

Der Weg wird stille, der Weg wird leer.
– »So kommt denn heute das Glück nicht mehr?«
Die Sonne geht rötlich nieder,
ihr starren im Wind die Glieder.

Der Regen klatscht ihr ins Angesicht,
sie steht noch immer, sie merkt es nicht:
– »Vielleicht ist es schon gekommen,
hat die andere Straße genommen.«

Die Füßchen wurzeln am Boden ein,
zu Blumen wurde der Augen Schein.
Sie fühlts und fühlts wie im Traume,
sie wartet am Wegessaume.

Richard Dehmel

Ein Luftschiffer

Ich kann ein Luftschiffer werden,
immer höher schlägt mein Herz;
da fliehn die Flüsse unter mir
wie dünne Adern Erz,
meine Gondel steigt und steigt.

Die Luft wird immer reiner;
das wirre Erdgewühl
wird alles klein und kleiner,
wird alles wie ein Spiel.
Ich gleite drüber hin.

Hin, wo die Wolken schweigen;
kaum noch ein Berghaupt blinkt.
Ich fühle mich nicht mehr steigen,
nur die Erde sinkt und sinkt;
mir träumt ein Schaukellied.

Ich schwebe nur und schwebe,
in die blaue Welt hinein.
Wer weiß wohin – ade, ade –
der Himmel wiegt mich ein:
fahr wohl, du kleiner Held.

Theodor Storm

Mit einer Handlaterne

Laterne, Laterne!
Sonne, Mond und Sterne,
Die doch sonst am Himmel stehn,
Lassen heut sich nimmer sehn.

Zwischen Wasserreih und Schloß
Ist die Finsternis so groß,
Gegen Löwen rennt man an,
Die man nicht erkennen kann.

Kleine, freundliche Latern,
Sei du Sonne nun und Stern!
Sei noch oft der Lichtgenoß
Zwischen Wasserreih und Schloß,
Oder – dies ist einerlei –
Zwischen Schloß und Wasserreih!

Max Bolliger

Wer hat den Schwalben

Wer hat den Schwalben
Mut gemacht,
fortzufliegen?
War es der Sturm
der vergangenen Nacht
oder hat ihnen
die Sonne vom Himmel
zugelacht?

Wer hat ihnen
einen zweiten
Sommer versprochen?
War es ein Traum?
Oder nur ein Blatt
vom Lindenbaum,
das vom Winde bewegt
lautlos zu Boden schwebt?

Friedrich Rückert

Vom Bäumlein, das andere Blätter hat gewollt

Es ist ein Bäumlein gestanden im Wald,
In gutem und schlechtem Wetter;
Das hat von unten bis oben
Nur Nadeln gehabt statt Blätter;
Die Nadeln, die haben gestochen,
Das Bäumlein, das hat gesprochen:

Alle meine Kameraden
Haben schöne Blätter an,
Und ich habe nur Nadeln,
Niemand rührt mich an!
Dürft' ich wünschen, wie ich wollt',
Wünscht' ich mir Blätter von lauter Gold.

Wie's Nacht ist, schläft das Bäumlein ein,
Und früh ist's aufgewacht;
Da hat es goldne Blätter fein,
Das war eine Pracht!
Das Bäumlein spricht: Nun bin ich stolz;
Goldne Blätter hat kein Baum im Holz.

Aber wie es Abend ward,
Ging der Jude durch den Wald
Mit großem Sack und großem Bart,
Der sieht die goldnen Blätter bald;
Er steckt sie ein, geht eilends fort
Und läßt das leere Bäumlein dort.

Das Bäumlein spricht mit Grämen:
Die goldnen Blätter dauern mich;
Ich muß vor den andern mich schämen,
Sie tragen so schönes Laub an sich;
Dürft' ich mir wünschen noch etwas,
So wünscht' ich mir Blätter von hellem Glas.

Da schlief das Bäumlein wieder ein,
Und früh ist's wieder aufgewacht;
Da hatt' es glasene Blätter fein,
Das war eine Pracht!
Das Bäumlein spricht: Nun bin ich froh;
Kein Baum im Walde glitzert so.

Da kam ein großer Wirbelwind
Mit einem argen Wetter,
Der fährt durch alle Bäume geschwind
Und kommt an die glasenen Blätter;
Da lagen die Blätter von Glase
Zerbrochen in dem Grase.

Das Bäumlein spricht mit Trauern:
Mein Glas liegt in dem Staub,
Die andern Blätter dauern
Mit ihrem grünen Laub!
Wenn ich mir noch was wünschen soll,
Wünsch' ich mir grüne Blätter wohl.

Da schlief das Bäumlein wieder ein,
Und wieder früh ist's aufgewacht;
Da hat es grüne Blätter fein.
Das Bäumlein lacht
Und spricht: Nun hab' ich doch Blätter auch,
Daß ich mich nicht zu schämen brauch'.

Da kommt mit vollem Euter
Die alte Geiß gesprungen;
Sie sucht sich Gras und Kräuter
Für ihre Jungen;
Sie sieht das Laub und fragt nicht viel,
Sie frißt es ab mit Stumpf und Stiel.

Da war das Bäumlein wieder leer,
Es sprach nun zu sich selber:
Ich begehre nun keine Blätter mehr,
Weder grüner noch roter, noch gelber!
Hätt' ich nur meine Nadeln,
Ich wollte sie nicht tadeln.

Und traurig schlief das Bäumlein ein,
Und traurig ist es aufgewacht;
Da besieht es sich im Sonnenschein
Und lacht und lacht!
Alle Bäume lachen's aus;
Das Bäumlein macht sich aber nichts draus.

Warum hat's Bäumlein denn gelacht,
Und warum denn seine Kameraden?
Es hat bekommen in einer Nacht
Wieder alle seine Nadeln,
Daß jedermann es sehen kann;
Geh' 'naus, sieh's selbst, doch rühr's nicht an.
Warum denn nicht?
Weil's sticht!

Johann Peter Hebel

Der Abendstern

Willkomm, willkomm! Schon wieder da,
und schon den falben Bergen nah,
du lieber, schöner Abendstern?
– Bei seiner Mutter wär er gern;
er trippelt nach mit mattem Schein
und holt sie eben doch nicht ein.

Von allen Sternen, groß und klein,
ist er der liebste, er allein.
Sein Brüderlein, der Morgenstern,
o nein, sie hat ihn nicht so gern.
Drum, wo sie wandelt aus und ein,
da muß ihr Liebling um sie sein.

Früh, wenn sie aus dem Schlaf sich hebt
und steigend überm Schwarzwald schwebt,
sie führt ihr Knäblein an der Hand,
sie zeigt ihm Berg und Strom und Land.
Er hüpft und springt. Doch warnt sie schon:
»Der Weg ist weit; gemach, mein Sohn!«

Er schaut sich um, fragt allerlei;
sie lehrt ihn treulich, was es sei.
»O Mutter«, ruft er, »Mutter, schau!
Da unten strahlts im Morgentau
schön wie in deinem Himmelssaal.«
»Drum«, sagt sie, »ists das Wiesental.

Nun fort, mein Sohn, und folge mir;
wir haben nicht zu säumen hier!«
Jetzt schlüpft er ihren Händen aus,
springt manchem Wölkchen, klein und kraus,
mit leichten Füßen nach und schlägt
das Hütchen drauf und – ist geneckt.

Doch wie die Sonne höher steigt
und unter ihr der Rhein sich zeigt,
so warnt sie ihn: »Hier ist Gefahr!«
Sie beut die Mutterhand ihm dar.
Sie knöpft ihm schnell das Röcklein ein
und führt ihn sorglich übern Rhein.

Doch wie sie ob dem Elsaß steht
und mählich wieder abwärts geht,
wie wird das Bürschlein müd und still;
es weiß nicht, wie sichs helfen will.
Sie tröstet ihn, sie spricht ihm zu:
»Bald kommst du heim in deine Ruh.«

Doch wie sie ob den Bergen steht,
am roten Himmel tiefer geht
und er von weitem matt und müd
die süße, liebe Heimat sieht,
läßt er das Mütterchen voran
und zottelt nach, so gut er kann.

Zur Heimat wandeln Herd und Hirt;
der Vogel schweigt, der Käfer schwirrt.
Schon tönt die stille Flur entlang
der Heimchen frommer Nachtgesang.
›Jetzt‹, denkt er, ›hab ich hohe Zeit!
Doch ists, gottlob, auch nimmer weit.‹

O seht ihn, wie er niedersinkt
und heller jetzt und heller blinkt!
Die Mutter steht schon vor dem Haus
und streckt nach ihm die Arme aus;
jetzt sinkt er freudig niederwärts,
jetzt ist ihm wohl am Mutterherz.

Schon stehn Rosinlein rein und frisch
und Honigkuchen auf dem Tisch.

Bald trägt sie ihn in seine Ruh,
deckt ihn mit leichten Wolken zu;
sie küßt ihm Stirn und Wange rot:
»Schlaf wohl, mein Kind! Das walte Gott!«

Schlaf wohl, du schöner Abendstern!
Das Sternlein sehen alle gern.
Er schaut herab so mild und gut;
und wer ihn sieht mit schwerem Mut,
dem lindert er den tiefen Schmerz,
und stiller Friede füllt das Herz.

Die andern dort im Lichtgewand,
ei freilich ja, sind auch scharmant.
O seht, wies flimmert weit und breit!
In Lieb und Fried und Einigkeit
wird jeder seines Lebens froh:
Wärs doch hienieden auch schon so!

Schon kühler wird die Abendluft,
und an den Halmen hängt der Duft.
Auch wir gehn, denk ich, allgemach
im stillen Frieden unter Dach.
Geh, Lieschen, sachte du voran
und zünd geschickt das Lämpchen an.

Anhang

Autoren- und Quellenverzeichnis

Ernst Moritz Arndt: *Das Lügenmärchen, Die Sternlein*
Aus: Ernst Moritz Arndt: Werke. Bong Verlag, Berlin 1912

Wolfgang Bächler: *So kam die Nacht*
Aus: Wolfgang Bächler: Die Zisterne. © 1950 by Bechtle Verlag, Esslingen a.N. genehmigt durch die F.A. Herbig Verlagsbuchhandlung GmbH, München

Helmut Ballot: *Ich und mein Fahrrad*
Aus: H. J. Gelberg (Hg.): Geh und spiel mit dem Riesen, Tb. Beltz & Gelberg in der Verlagsgruppe Beltz, Weinheim & Basel 1971. © Ilse Ballot, Düsseldorf

Barbara Bartos-Höppner: *Eulenklage*
Aus: Barbara Bartos-Höppner (Hg.): Kindergedichte unserer Zeit. Arena Verlag, Würzburg 1984. © Barbara Bartos-Höppner, Nottensdorf

Hans Baumann: *Wem der Rathausplatz gehört*
Aus: Hans Baumann: Kopfkissenbuch für Kinder. Hans Baumann und Annette Betz Verlag, München 1972. © Elisabeth Baumann, Murnau

Hermann R. Beck: *Schwierigkeiten mit dem 5. Gebot*
Aus: H. J. Gelberg (Hg.): Überall und neben dir, Tb. © Beltz & Gelberg in der Verlagsgruppe Beltz, Weinheim & Basel 1986

Werner Bergengruen: *Der Kobold*
Aus: Werner Bergengruen: Meines Vaters Haus. Gesammelte Gedichte. Hg. v. N. Luise Hackelsberger © 1992, 2005 by Arche Literatur Verlag AG, Zürich–Hamburg

Victor Blüthgen: *September, Kohlblättchen, Der Traum, Schaukellied, Storchliedchen, Schlechtes Wetter*
Aus: Victor Blüthgen: Gedichte. Berlin 1901

Ilona Bodden: *Das große Schimpfgedicht*
Aus: Barbara Bartos-Höppner (Hg.): Kindergedichte unserer Zeit. © Arena Verlag, Würzburg 1984

Max Bolliger: *Was du alles kannst, Was mir gefällt, Was mir Angst macht, Was mir die Angst nimmt, Wer hat den Schwalben*
Aus: Max Bolliger: Hinter den sieben Bergen. Dreimal dreizehn Kindergedichte. Echter Verlag, Würzburg 1995. Mit freundlicher Genehmigung des Verfassers. © Max Bolliger

Wolfgang Borchert: *Abendlied*
Aus: Wolfgang Borchert: Das Gesamtwerk. © 1949 by Rowohlt Verlag GmbH, Hamburg

Bertolt Brecht: *Kinderkreuzzug, Was ein Kind gesagt bekommt*
Aus: Bertolt Brecht: Werke. Große kommentierte Berliner und Frankfurter Ausgabe, Band 14, Gedichte 4. © Suhrkamp Verlag, Frankfurt/M. 1993

Clemens Brentano: *Anne Margritchen, Kein Tierlein ist auf Erden …*
Aus: Clemens Brentano: Werke. Bd. 1: Gedichte. Carl Hanser Verlag, München 1978

Wilhelm Busch: *Der Wetterhahn, Fink und Frosch*
Aus: Wilhelm Busch: Die Gedichte. Haffmanns Verlag, Zürich 2000

Christine Busta: *Weißt du, wie still …*
Aus: Christine Busta: Die Zauberin Frau Zappelzeh. © Otto Müller Verlag, Salzburg 1979

Adelbert von Chamisso: *Der Klapperstorch, Das Riesenspielzeug*
Aus: Adalbert von Chamisso: Gesammelte Werke, hg. von Otto Falke. Siegbert Mohn Verlag, Gütersloh 1964

Matthias Claudius: *Ein Lied, hinterm Ofen zu singen, Die Geschichte von Goliath und David, in Reime gebracht, Das Kind, Motetto als der erste Zahn durch war, Ein Wiegenlied, bei Mondschein zu singen, Abendlied*
Aus: Matthias Claudius: Sämtliche Werke. Gedichte, Prosa, Briefe in Auswahl. Deutsche Buchgemeinschaft, Berlin 1961

Richard Dehmel: *Ein Luftschiffer*
Aus: Richard Dehmel: Gesammelte Werke. S. Fischer Verlag, Berlin 1913

Paula Dehmel und Richard Dehmel: *Anziehliedchen, Die Schaukel*
Aus: Richard Dehmel: Gesammelte Werke. S. Fischer Verlag, Berlin 1913

Annette von Droste-Hülshoff: *Der Knabe im Moor*
Aus: Annette von Droste-Hülshoff: Sämtliche Werke, Carl Hanser Verlag, München 1970

Joseph von Eichendorff: *Das kranke Kind, Der Knabe*
Aus: Joseph von Eichendorff: Sämtliche Gedichte und Versepen. Insel Verlag, Frankfurt/M. 2005

Michael Ende: *Ansteckung, Standpunkte, Der Schurps ist beleidigt*
Aus: Michael Ende: Das Schnurpsenbuch. © 1979 by Thienemann Verlag, Stuttgart–Wien

Hans Magnus Enzensberger: *Middle Class Blues*
Aus: Hans Magnus Enzensberger: Blindenschrift. © Suhrkamp Verlag, Frankfurt/M. 1964

Otto Ernst: *Lütt Jan*
Aus: Otto Ernst: Gesammelte Werke. Staakmann Verlag, Leipzig 1922

Gustav Falke: *Ausfahrt, Eine Kuh, die saß im Schwalbennest, Zwiegespräch*
Aus: Gustav Falke: Gesammelte Dichtungen. Georg Westermann Verlag, Braunschweig 1912

Theodor Fontane: *Herr von Ribbeck auf Ribbeck im Havelland*
Aus: Theodor Fontane: Werke, Schriften, Briefe. Carl Hanser Verlag, München 1995

Erich Fried: *Freie Wahl mit guten Vorsätzen*
Aus: Erich Fried: Liebesgedichte. © Verlag Klaus Wagenbach, Berlin 1979, NA 1995

Abraham Emanuel Fröhlich: *Ellengröße*

Aus: Abraham Emanuel Fröhlich: Gesammelte Schriften. Zürich 1853

Günter Bruno Fuchs: *Für ein Kind*

Aus: Günter Bruno Fuchs: Gedichte und kleine Prosa. Mit Grafiken des Autors. Herausgegeben und mit einem Nachwort von Wilfried Ihrig. © Carl Hanser Verlag, München–Wien 1992

Robert Gernhardt: *Wenn die weißen Riesenhasen, Gesetzt den Fall*

Aus: Robert Gernhardt: Ich höre was, was du nicht siehst. Insel Verlag, Frankfurt/M. 1975. © Robert Gernhardt, durch Agentur Schlück. Alle Rechte vorbehalten

Robert Gernhardt: *Gehst du tags die Straße lang …*

Aus: Robert Gernhardt: Mit dir sind wir vier. Insel Verlag, FfM. 1976

Johann Wilhelm Ludwig Gleim: *Der Hirsch. Der Hase. Der Esel, Der Aal und die Schlange*

Aus: Johann Wilhelm Ludwig Gleim: Sämtliche Werke. Halberstadt, 1811ff.

Johann Wolfgang von Goethe: *Die wandelnde Glocke*

Aus: Johann Wolfgang von Goethe: Gedichte. Sämtliche Gedichte in zeitlicher Reihenfolge. Insel Verlag, Frankfurt/M. 1998

Guido Görres: *Nun treiben wir den Winter aus*

Aus: Guido Görres: Gedichte. Literarisch-artistische Anstalt, München 1844.

Günter Grass: *Märchen*

Aus: Günter Grass: Gedichte und Kurzprosa (Werkausgabe, Band 1), herausgegeben von Volker Neuhaus u. Daniela Hermes. © Steidl Verlag, Göttingen 1997/2002

Andreas Gryphius: *Auf die Geburt seines ältesten Sohnes*

Aus: Andreas Gryphius: Gesamtausgabe der deutschsprachigen Werke. Niemeyer Verlag, Tübingen 1963–1972

Friedrich Wilhelm Güll: *Will sehen, was ich weiß, vom Büblein auf dem Eis, Kletterbüblein, Häslein, Wenn das Kind nicht schlafen will*

Aus: Friedrich Wilhelm Güll: Kinderheimat in Liedern und Bildern. Insel Verlag, Frankfurt/M. 1975

Peter Hacks: *Der Herbst steht auf der Leiter*

Aus: Peter Hacks: Flohmarkt. © Eulenspiegel Verlag, Berlin 2001

Hans Adolf Halbey: *Pampelmusensalat*

Aus: Hans Adolf Halbey: Pampelmusensalat. © Julius Beltz Verlag, Weinheim 1975

Hans Adolf Halbey: *Trotzdem*

Aus: H. J. Gelberg (Hg.): Überall und neben dir, Tb. Beltz & Gelberg in der Verlagsgruppe Beltz, Weinheim & Basel, 1986. © Horst Halbey

Albrecht von Haller: *Der Fuchs und die Trauben*

Aus: Albrecht von Haller: Versuch Schweizerischer Gedichte. Schrämbl Verlag, Wien 1793

Hanna Hanisch: *Meine zweimal geplatzte Haut*
Aus: Christine Burs: Leseschule 3. Ein Lese-Sprach-Buch für das dritte Schuljahr. Oldenbourg Schulbuchverlag, München 2000
Peter Härtling: *Fundevogel*
Aus: Peter Härtling: Ausgewählte Gedichte. © Luchterhand Literaturverlag, München 1979
Peter Härtling: *Ich schreib auf diese Seite, Der letzte Elefant*
Aus: Peter Härtling: Der letzte Elefant. © Luchterhand Literaturverlag, München 1989
Friedrich Hebbel: *Aus der Kindheit*
Aus: Friedrich Hebbel: Werke. Carl Hanser Verlag, München 1966
Johann Peter Hebel: *Das Gewitter, Der Abendstern*
Aus: Johann Peter Hebel: Werke, hrsg. von Wilhelm Altwegg. Atlantis Verlag, o.O. 1958
Heinrich Heine: *Die heilgen drei Könige aus dem Morgenland …, Der Wind zieht seine Hosen an*
Aus: Heinrich Heine: Sämtliche Gedichte in zeitlicher Reihenfolge. Insel Verlag, Frankfurt/M. 1997
Luise Hensel: *Nachtgebet*
Aus: Aus: Almut Gaugler (Hg.): Kinderlieder, Kinderreime. Bassermann Verlag, München 2004
Hermann Hesse: *Julikinder, Kleiner Knabe*
Aus: Hermann Hesse: Die Gedichte. © Suhrkamp Verlag, Frankfurt/M. 1977
Wilhelm Hey: *Rabe, Kind und Buch*
Aus: Wilhelm Hey: 50 Fabeln für Kinder. Georg Westermann Verlag, Braunschweig 1920
Georg Heym: *Vorortbahnhof*
Aus: Georg Heym: Das lyrische Werk. Sämtliche Gedichte. Dtv, München 1977
Heinrich Hoffmann: *Der Herr Knirps*
Aus: Heinrich Hoffmann: Im Himmel und auf der Erde. Herzliches und Scherzliches aus der Kinderwelt. Rütten und Loening Verlag, Frankfurt/M. 1885
August Heinrich Hoffmann von Fallersleben: *Wie der Zaunschlüpfer König ward, Wer ist schuld daran?, Frühlings Ankunft, Das Lied vom Monde*
Aus: August Heinrich Hoffmann von Fallersleben: Gedichte und Lieder. Hoffmann und Campe, Hamburg 1974
Johann Georg Jacobi: *Wiegenlied für ein Mädchen*
Aus: Johann Georg Jacobi: Sämmtliche Werke. Orell Verlag, Zürich 1807–1813
Yaak Karsunke: *berliner mauer*
Aus: Kilroy & andere. reden und ausreden. © Lyrikedition 2000, München

Erich Kästner: *Die Sache mit den Klößen*
Aus: Erich Kästner: Das verhexte Telefon. © Atrium Verlag, Zürich, und Thomas Kästner
Erich Kästner: *Das Lied vom Warten*
Aus: Erich Kästner: Der tägliche Kram. © Atrium Verlag, Zürich, und Thomas Kästner
Gottfried Keller: *Spiel der Murmeltiere*
Aus: Gottfried Keller: Sämtliche Werke und ausgewählte Briefe. Bd. 3. Carl Hanser Verlag, München 1978
Gertrud Kolmar: *Die kleinen Kinder*
Aus: Gertrud Kolmar: Gedichte. © Suhrkamp Verlag, Frankfurt/M. 1983
August Kopisch: *Die Heinzelmännchen*
Aus: August Kopisch: Die Heinzelmännchen zu Köln. © Insel Verlag, Frankfurt/M. und Leipzig 1989
Friedrich Adolf Krummacher: *Der Affe und das Eichhorn*
Aus: Friedrich Adolf Krummacher: Parabeln. Baedeker und Kürzel Verlag, Duisburg/Essen 1814
Max Kruse: *Nimm Entenfedern*
Aus: Max Kruse: Windkinder. Ensslin-Verlag, Eningen 1968. © Max Kruse, Penzberg
James Krüss: *Feuerwehrlied*
© Kirsten Rickmers-Liebau, Uetersen
James Krüss: *Das Arche-Noah-Abc*
Erstmals erschienen in: James Krüss: Geschichten aus allen Winden, Hamburg 1973. © 2007 Boje Verlag GmbH, Köln
James Krüss: *Starenlied*
Aus: James Krüss: Der wohltemperierte Leierkasten, erschienen im C. Bertelsmann Jugendbuch Verlag, München, einem Unternehmen der Verlagsgruppe Random House GmbH. © James Krüss, 2001
Günter Kunert: *Leute*
Aus: Günter Kunert: Jeder Wunsch ist ein Treffer. Middelhauve Verlag, München. © Günter Kunert, Kaisborstel
Günter Kunert: *Das Leben der Bäume*
Aus: Günter Kunert: Ich Du Er Sie Es. Ravensburger Buchverlag Otto Maier GmbH, Ravensburg 1988. © Günter Kunert, Kaisborstel
Reiner Kunze: *Blumenlied*
Aus: H.J. Gelberg (Hg.): Geh und spiel mit dem Riesen, Tb. © Beltz & Gelberg in der Verlagsgruppe Beltz, Weinheim & Basel 1971
Reiner Kunze: *Wohin der Schlaf sich schlafen legt*
Aus: Reiner Kunze: Wohin der Schlaf sich schlafen legt. © S. Fischer Verlag GmbH, Frankfurt/M. 1991
Isolde Kurz: *Wegwarte*
Aus: Isolde Kurz: Gesammelte Werke. Rainer Wunderlich Verlag, Tübingen 1935. © Dieter Kormann, München

Richard Leander: *Schlummerliedchen*
Aus: Richard Leander: Richard Leanders sämtliche Werke. Breitkopf und Härtel Verlag, Leipzig 1899

Hans Georg Lenzen: *CONRADs Reise*
Aus: H. J. Gelberg (Hg.): Geh und spiel mit dem Riesen, Tb. © Beltz & Gelberg in der Verlagsgruppe Beltz, Weinheim & Basel 1971

Magnus Gottfried Lichtwer: *Der Affe und die Uhr, Der Hänfling, Das Kamel*
Aus: Lichtwers Fabeln in vier Büchern. Lange Verlag, Berlin 1775

Detlev von Liliencron: *Aus der Kinderzeit*
Aus: Detlev von Liliencron: Werke. Hg. v. Benno von Wiese. Insel Verlag, Frankfurt/M. 1977

Paul Maar: *Land auf dem Sonntag, Kater*
Aus: Paul Maar: Kreuz und Rüben, Kraut und mehr. Das große Paul Maar Buch. © Oetinger Verlag, Hamburg 2004

Hans Manz: *Blödsinn, Verwandlung, Schlagfertig, In die Wolken gucken*
Aus: Manz, Die Welt der Wörter. © Beltz & Gelberg in der Verlagsgruppe Beltz, Weinheim & Basel 1991

Christian Morgenstern: *Der Schnupfen, Der Lattenzaun, Das Häslein*
Aus: Christian Morgenstern: Gesammelte Werke in einem Band. Piper Verlag, München 1989

Hannah Muschg: *Ein Krokodil*
Aus: H. J. Gelberg (Hg.): Überall und neben dir, Tb. © Beltz & Gelberg in der Verlagsgruppe Beltz, Weinheim & Basel 1981

Ludwig Heinrich von Nicolai: *Die Löwin und das Schwein, Der Kater und der Wetterhahn*
Aus: Ludwig Heinrich von Nicolai: Vermischte Gedichte und prosaische Schriften. Berlin 1792–1810

Christine Nöstlinger: *Die Liebe zu mir*
Aus: H. J. Gelberg (Hg.): Überall und neben dir, Tb. © Beltz & Gelberg in der Verlagsgruppe Beltz, Weinheim & Basel 1986

Gottlieb Conrad Pfeffel: *Das Johanniswürmchen*
Aus: Carl Eichler: Fabellese für die Jugend. Trachsler Verlag, Zürich, Leipzig

Franz von Pocci und Karl von Raumer: *Vom Käuzlein, Winters Einzug*
Aus: Franz von Pocci: Kommt, Kinder, wischt die Augen aus, es gibt hier was zu sehen. Die schönsten deutschen Kindergedichte. Gesammelt von Herbert Heckmann und Michael Krüger. Carl Hanser Verlag, München 1974

Lutz Rathenow: *Winterspiel*
Aus: Lutz Rathenow: Der Himmel ist heut blau, Auer Verlag, Donauwörth 2004. © Lutz Rathenow, Berlin

Carl Reinhardt: *Das Ende der Sündflut*
Aus: Carl Reinhard: Die Arche Noah und was darin gewesen ist. Eine komische Kinderschrift. Hofmann Verlag, Berlin 1860

Robert Reinick: *Vom schlafenden Apfel, Großes Geheimnis*

Aus: Robert Reinick: Märchen-, Lieder- und Geschichtenbuch. Gesammelte Dichtungen für die Jugend. Verlag von Velhagen und Klasing, Bielefeld und Leipzig 1874

Christa Reinig: *Die Spur*

Aus: Christa Reinig: Sämtliche Gedichte. © Eremiten Presse, Düsseldorf 1984

Joachim Ringelnatz: *Kindergebetchen, Die Ameisen, Im Park*

Aus: Joachim Ringelnatz: Das Gesamtwerk in sieben Bänden. Diogenes Verlag, Zürich 1994

Friedrich Rückert: *Ich hatte dich lieb …,*
Vom Bäumlein, das andere Blätter hat gewollt

Aus: Friedrich Rückert: Gedichte. Hg. v. Walter Schmitz. Reclam Universal-Bibliothek, Stuttgart 1998.

Gina Ruck-Pauquet: *Warum?*

Aus: H.J. Gelberg (Hg.): Überall und neben dir, Tb. © Beltz & Gelberg in der Verlagsgruppe Beltz, Weinheim & Basel 1971

Wolfgang Rudelius: *Die Träne*

Aus: H.J. Gelberg (Hg.): Überall und neben dir, Tb. © Beltz & Gelberg in der Verlagsgruppe Beltz, Weinheim & Basel 1986

Hans Sachs: *Das Schlaraffenland*

Aus: Hans Sachs: Dichtungen. Brockhaus Verlag, Leipzig 1870

Frida Schanz: *Niemand*

Aus: C. Franck (Hg.): Das Betthupferl. © MUSIKVERLAG HANS SIKORSKI GMBH & CO. KG, Hamburg 1956

Joseph Victor von Scheffel: *Das Megatherium, Trompeterlied für den Storch*

Aus: Joseph Victor von Scheffel: Sämtliche Werke. Hg. v. Johannes Franke. Deutsche Klassiker Bibliothek, Leipzig 1917

Friedrich von Schiller: *Am Geburtstag der Frau Kriegsrat Griesbach*

Aus: Friedrich von Schiller: Sämtliche Werke, Bd. 1. Carl Hanser Verlag, München 2004

Heinrich Seidel: *Das Huhn und der Karpfen, Die Kinder im Schnee, Am Abend*

Aus: Heinrich Seidel: Gesammelte Schriften. Cotta Verlag, Stuttgart 1900

Jürgen Spohn: *Kindergedicht*

Aus: H.J. Gelberg (Hg.): Geh und spiel mit dem Riesen, Tb. Beltz & Gelberg in der Verlagsgruppe Beltz, Weinheim & Basel 1971. © Barbara Spohn

Helmut Stempel und Martin Ripkens: *Die Rolltreppe*

Aus: Helmut Stempel und Martin Ripkens: Purzelbaum. © Ellermannverlag, München 1972

Theodor Storm: *Knecht Ruprecht, In Bulemanns Haus, Von Katzen,*
Mit einer Handlaterne

Aus: Theodor Storm: Gesammelte Werke. Insel Verlag, Frankfurt/M. 1975

Kurt Tucholsky: *Deutsches Lied*

Aus: Kurt Tucholsky: Texte und Briefe, Gesamtausgabe. Rowohlt Verlag, Reinbek 1996/97

Ludwig Uhland: *Einkehr*

Aus: Ludwig Uhland: Werke. Hg. v. Ludwig Fränkel, Meyers Klassikerausgaben, Leipzig 1893

Fredrik Vahle: *Geschichte vom Blatt am Baum*

Aus: Der Himmel fiel aus allen Wolken. © Beltz & Gelberg Verlag, Weinheim & Basel 1994

Johann Heinrich Voß: *Die Kartoffelernte, Wiegenlied*

Aus: Johann Heinrich Voß: Sämtliche Gedichte. Nicolovius Verlag, Königsberg 1802

Robert Walser: *Mäuschen*

Aus: Robert Walser: Sämtliche Werke. © Suhrkamp Verlag, Frankfurt/M. 1986. Mit Genehmigung der Inhaberin der Rechte, der Carl-Seelig-Stiftung Zürich

Christian Felix Weiße: *Der Aufschub*

Aus: Christian Felix Weiße: Weißens Lieder und Fabeln für Kinder und junge Leute. Crusius Verlag, Leipzig 1807

Frantz Wittkamp: *Warum sich Raben streiten*

Aus: H. J. Gelberg (Hg.): Überall und neben dir, Tb. © Beltz & Gelberg in der Verlagsgruppe Beltz, Weinheim & Basel 1986

Inhalt

Allerlei Menschen

Allerlei Tiere

Vom Kommen und Gehen

Freud und Leid

Lieder, Reime und Gebete

Zwischen Himmel und Erde